Fabrizia Baldissera
Axel Michaels

Der Indische Tanz

Körpersprache in Vollendung

DuMont Buchverlag Köln

Umschlagvorderseite: Sucheta Bhide Chapekar in einer eigenen Adaption des Bharata Natyam
Umschlaginnenklappe: Bhūta-Tänzer in Süd-Karnataka
Umschlagrückseite: Volkstanz in Kota (Rajasthan)
Frontispiz: Weibliche Figur (Sālabhañjikā) in klassischer Tanzposition, Sanchi, ca. 2. Jh. v. Chr.

CIP-Kurztitelaufnahme der Deutschen Bibliothek

Baldissera, Fabrizia:
Der Indische Tanz : Körpersprache in Vollendung / Fabrizia Baldissera ; Axel Michaels. – Köln : DuMont, 1988
(DuMont-Dokumente)
ISBN 3-7701-1789-1)
NE: Michaels, Axel:

Satz und Druck: Rasch, Bramsche
Buchbinderische Verarbeitung: Bramscher Buchbinder Betriebe

Printed in Germany ISBN 3-7701-1789-1

Inhalt

Vorwort 7
Zur Schreibweise und Aussprache indischer Wörter 8

Allgemeine Grundlagen

Geschichte des indischen Tanzes 9
Die Tempeltänzerinnen 12
Der religiöse Hintergrund 17
Ideale der hinduistischen Gesellschaft 17
Die Welt der Götter 25
Das traditionelle Tanztheater 42
Die klassische Tanzliteratur 44
Die Ästhetik von Stimmungen 45
Darstellungsformen und Ausdrucksmittel 49
Gesten und Körperhaltungen 52
Musik und Musikinstrumente 61
Kostüme, Masken und Dekorationen 68
Ausbildung und Training 76

Die regionalen Stile des klassischen Tanzes

Einleitung 79
Das südindische Bharata Natyam 83
Tanztechnik 85
Der Solotanz Sadir Natya 86
Die Mysore-Schule 90
Das Gruppentanzspiel Kuravanji 92
Das Bhagavatamela-Tanztheater 96
Aufführungspraxis 114
Das Kuchipudi-Tanzdrama in Andhra Pradesh 116
Das Yakshagana-Tanztheater in Karnataka 120

Die Tanzstile Keralas 124
Kuttu und Kutiyattam 124
Die Tanzspiele Krishnanattam und Ramanattam 126
Der Kathakali 128
Aufführungspraxis 130
Die Solotänze Mohini Attam und Ottan Thullal 135
Die nordindischen Kathak-Tänze 138
Aufführungspraxis 142
Der Odissi-Solotanz in Orissa 146
Aufführungspraxis 150
Die Chhau-Festtänze im Osten 155
Der Seraikella-Chhau 157
Der Chhau in Mayurbhanj 161
Der Purulya-Chhau 162
Die Gruppentänze im nordöstlichen Manipur 164
Aufführungspraxis 166
Das Lai Haraoba-Fest 168
Die Cholom-Tänze 170
Die Raslīlā-Festtänze 170

Ritual- und Volkstänze

Einleitung 172
Volkstheater und Volkstanz 175
Ritualtänze 186
Die Bhūta-Tänze in Süd-Karnataka 186
Die Harisiddhi-Tänze in Nepal 188

Schlußbetrachtung 193

Glossar 195
Ausgewählte Literatur 199
Bildnachweis 201
Register 202

Vorwort

Aus dem Dunkel der Bühne klingen Fußglöckchen, welche die Tänzerin ankündigen. Behende schreitet sie in den Lichtkegel, wo sie starr stehenbleibt. Musik setzt ein, der skandierende Gesang von Lautsilben. Die Frau nimmt den Klang auf, anfangs nur mit ihren Augen, dann auch mit dem Nacken, den Armen und schließlich mit dem ganzen Körper. Trommeln verstärken den Gesang. Jetzt erst bewegt die Akteurin die Beine: ein gespreizter Schritt nach links, einer nach rechts. Immer schneller wird die Musik, immer schneller der Tanz.

Der Beginn einer Darbietung eines klassischen indischen Tanzes. Eine andere, fremde Welt eröffnet sich westlichen Zuschauern. Weihrauch und Blumen auf der Bühne, die stilisierten Bewegungen in bunten Kostümen, die beharrenden Grundtöne der Musik, der immer wieder wechselnde Rhythmus verleihen der Szenerie Exotik und faszinieren die Betrachter. Je länger sie jedoch zuschauen, je häufiger sich die Bewegungen und Bilder zu wiederholen scheinen, desto schwerer fällt es ihnen, sich einzufühlen. Sie vermissen szenische Höhepunkte und dramatische Steigerungen, die Musik klingt ihnen zu monoton, Langeweile kommt gar auf.

Und doch ist der indische Tanz an Vielfalt kaum zu überbieten. Er ist ein lebendiges Abbild der verschiedenen Kulturen Indiens und – zumindest im traditionellen Selbstverständnis – eine stilisierte Imitation der religiösen Welt. So sind Themen und Charaktere den indischen Zuschauern meist vertraut. Sie empfinden es auch nicht als Mangel, wenn inhaltliche oder ästhetische Konventionen den Tanz- und Spielraum einengen. Für sie ist das Gewohnte nicht das Überkommene, sondern das Bewährte und zu Bewahrende.

Der vorliegende Band möchte in den indischen Tanz einführen, ohne diesen religiösen und kulturellen Hintergrund zu vernachlässigen. Entsprechend unserer Erfahrungen und Kenntnisse haben wir die Aufgaben wie folgt verteilt: Der erste Teil wurde gemeinsam verfaßt, der zweite Abschnitt von Fabrizia Baldissera, der dritte Teil von Axel Michaels.

Fabrizia Baldissera dankt dem Consiglio Nazionale della Ricerche (Italien) für die Unterstützung ihrer Tanzstudien in Indien sowie ihrer Lehrerin, Sucheta Bhide Chapekar, für die Einführung in den Bharata Natyam. Axel Michaels dankt Heidrun Brückner für den Zugang zu den Bhūta-Tänzen in Süd-Karnataka.

Zur Schreibweise und Aussprache indischer Wörter

Wegen der vielen indischen Sprachen, die in diesem Buch zu berücksichtigen waren, mußte eine vereinfachte Umschrift der Begriffe gewählt werden. So sind die Namen bekannter Götter, aller Orte und der Tanzinstitutionen in ihrer anglisierten Form angeführt: z. B. Shiva, nicht Śiva, oder Delhi statt Dillī. Auch bei Tanzstilen und den meisten Personennamen, etwa der Tänzerinnen und Tänzer, gilt deren eigene, modernisierte Schreibweise.

Hingegen werden Begriffe und Namen von Texten nach der international üblichen Transkription der Sanskritsprache wiedergegeben. Auch für andere Sprachen wird dieses System beibehalten, da es eine zumindest annähernd richtige Aussprache ermöglicht. Fast alle Begriffe des ersten und viele des zweiten und dritten Kapitels stammen aus dem Sanskrit. Falls nicht, ist in der Regel die Sprache angegeben. Dabei werden folgende Abkürzungen verwendet: Hind. = Hindī bzw. Hindustānī, Kann. = Kannaresisch, Mal. = Malayālam, Nev. = Nevārī, Or. = Orīya, Pers. = Persisch, Tam. = Tamil, Tel. = Telugu.

Für die Aussprache sind vor allem zwei grundlegende Regeln zu beachten:

- ein Strich über einem Vokal bedeutet dessen Länge: *bhūta* wie deutsch Mut (e und o sind immer lang)
- ein s wird artikuliert wie deutsch sch, wenn es mit einem Zusatzzeichen versehen ist: *śāstra* wird wie schāstra, *mokṣa* wie mokscha gesprochen.

Darüber hinaus gelten folgende phonetische Besonderheiten:

- c wird gesprochen wie englisch ch *(church): cola* also wie tschola
- j wie deutsch dsch (Dschungel)
- y wie deutsch j: *yogi* wie Jogi
- v wie deutsch w: Vishnu wie Wischnu
- ein Punkt unter einem Konsonanten (ṇ) bezeichnet die Aussprache mit zurückgebogener Zunge, ein Punkt über einem n, die dem nachfolgenden Konsonanten (Guttural) angepaßte Nasalierung (vgl. deutsch: eng oder Winkel), eine Tilde über einem Vokal (õ) ebenfalls dessen Nasalierung (vgl. deutsch: Kassenbon).
- ein h hinter einem Konsonanten ist ein deutlicher Hauchlaut (vgl. deutsch: Tee).

Allgemeine Grundlagen

Geschichte des indischen Tanzes

Skulpturen und Malereien, traditionelle Lehrbücher und Beschreibungen von Tanzszenen in den zahlreichen indischen Literaturen vermitteln ein gegenüber anderen Kulturen vergleichsweise umfassendes Bild darüber, wie in Indien früher getanzt wurde (s. Abb. 1, 2).

Die ersten Zeugnisse der Tanztradition des indischen Subkontinents stammen bereits aus dem 3. Jahrtausend v. Chr. In den bedeutenden Zentren der Induskultur Harappa und Mohenjo Daro fand man Figurinen und Torsi, deren Haltungen auf eine damals schon ausgeprägte Tanzkunst hinweisen. Allerdings lassen weniger Körpergestus und zeremonieller Schmuck der Skulpturen auf die lange Tradition des indischen Tanztheaters schließen, sondern vielmehr das archäologische Gesamtbild der Induskultur, das eine städtische Gesellschaft mit hohem handwerklichen und künstlerischen Niveau zutage treten ließ.

Im Unterschied zu den frühen sichtbaren Zeugnissen sind die Belege aus der vedischen Periode der indischen Geschichte ausschließlich literarischer Natur. Seit etwa Mitte des 2. Jahrtausends v. Chr. drangen halbnomadisierende Stämme, die sich selbst Ārya (wörtl.: die Edlen, Guten) nannten, von Nordwesten in die Gangesebene ein, wo sie die ansässigen Ureinwohner bekämpften und teilweise nach Süden verdrängten. Bis ca. 500 v. Chr. ließen sich diese Stämme im Gebiet zwischen den Südausläufern des Himalaya und dem mittelindischen Gebirgsplateau in mehreren Königreichen nieder, die einander bekämpften. Mit zunehmender Seßhaftigkeit entstand ein differenziertes Gesellschaftssystem, in dem Handel, Handwerk, Künste und Wissenschaften eine Blütezeit erlebten.

Das früheste literarische Zeugnis jener Zeit ist der ›Rigveda‹, eine Sammlung religiöser Hymnen und Gedichte, deren ältester Teil – die Bücher zwei bis sieben – vermutlich um 1200–1000 v. Chr. im heutigen

2 *Säule mit Figuren in verschiedenen Tanzpositionen, Mount Abu, 13. Jh.* ▷

1 *Frau, die einen Splitter aus der Fußsohle zieht, Viśvanātha-Tempel, Khajurao, 10. Jh.*

Punjab entstand. In diesem Text werden die Götter mehrfach als Tänzer angerufen und besungen. Vor allem der populäre Gott Indra, der die Züge eines kräftigen, unbesiegbaren Heerführers trägt, und der sich gerne am Soma-Trank berauscht, wird häufig als wilder Tänzer beschrieben.

In späteren Schriften der vedischen Periode ist von Tänzen bei Totenverbrennungen oder zur Abwehr von Dämonen und Geistern die Rede. Auch liest man, daß um das heilige Herdfeuer getanzt wurde, vermutlich um Regen herbeizuzaubern. Einige Textstellen weisen darauf hin, daß bereits in vedischen Zeiten der Tanz von den Akteuren zumindest als Teilberuf ausgeübt wurde.

Umfangreiche Belege zur Geschichte des indischen Tanztheaters gibt es hingegen erst seit etwa Mitte des 1. vorchristlichen Jahrtausends, als

Buddhismus, Jainismus und schließlich Hinduismus die vedische Religion erweiterten oder verdrängten. In diesen Religionen wurden die Götter auch in Tempeln oder permanenten Kultstätten verehrt und nicht, wie in frühvedischen Zeiten, im Haus oder auf einem besonderen Opferplatz mit Opfergaben und Ritualen, zu denen auch der Tanz gehören konnte.

In den Texten jener Zeit ist oft vom Tanz die Rede. Der Grammatiker Pāṇini (ca. 4. Jahrhundert v. Chr.) erwähnt sogar Lehrbücher verschiedener Schulen, die allerdings bislang nicht aufgefunden werden konnten. Jedoch muß die Tanzkunst schon so weit kultiviert und standardisiert gewesen sein, daß das Bedürfnis zur schriftlichen Fixierung ihrer Prinzipien bestand.

Besonders in den prosperierenden Städten, an den Höfen der Könige und Fürsten sowie in den Residenzen der wohlhabenden Kaufleute und Beamten, wurde der Tanz gefördert. Herumziehende Barden, Schauspieler, Spaßmacher und Tänzer erhielten wiederholt Einladungen von Aristokraten, ihre Künste vorzuführen. Jahrhundertelang setzte sich nahezu ungebrochen die höfische Tradition fort, Tanzdarbietungen zu unterstützen. Im ›Arthaśāstra‹ etwa, dem Staatslehrbuch des Kauṭalya (um 300 v. Chr.), welches das Leben eines Königs bis ins Detail regelt, sind Kurtisanen erwähnt, die in 15 Künsten, darunter auch dem Tanz, ausgebildet sein mußten. Und das berühmte Lehrbuch der Erotik, das ›Kāmasūtra‹ (ca. 2–3. Jahrhundert n. Chr.), verfeinert diese Anforderungen noch, indem es die Beherrschung von 64 Künsten fordert: von Gesang und Tanz bis zur Rezitation von Gedichten oder der Kunst des Blumenbindens.

Die Tempeltänzerinnen

Zahlreiche Reliefs und Statuen an Tempeln bezeugen, daß schon früh ausgewählte Tänzerinnen auch zu Ehren der Götter ihre Kunst darboten. Einen ersten literarischen Hinweis auf professionelle Tempeltänzerinnen liefert um 300 v. Chr. Kauṭalya in seinem Staatslehrbuch. Aber erst seit etwa dem 4./5. Jahrhundert n. Chr. häufen sich Belege über *Devadāsīs* (Dienerinnen der Götter), die maßgeblich zur Entwicklung des klassischen indischen Tanzes beitrugen. Devadāsīs waren Tempeldienerinnen,

3 Historische Aufnahme einer Maharī in Orissa um 1940 ▷

zu deren Aufgaben es gehörte, die Götter(-statuen) anzukleiden, zu waschen oder ihnen Luft zuzufächern. Bei täglichen Zeremonien und anläßlich großer Tempelfeste tanzten und sangen sie. Noch als Jungfrauen wurden sie in einem besonderen Ritual mit der Gottheit vermählt, so daß sie als Frau eines unsterblichen Gottes niemals Witwen werden konnten.

Ursprünglich unterstützten lokale Könige und Fürsten sowie Pilger diese Tempeltänzerinnen materiell, so daß einige von ihnen es zu Wohlstand und Ansehen brachten. Eine Inschrift des 9. Jahrhunderts am Mukteśvara-Tempel im südindischen Kanchipuram erwähnt sogar mehrere Devadāsīs namentlich. Die Anzahl der Tempeltänzerinnen galt offenbar auch als ein Zeichen für die Machtfülle eines Herrschers. Von König Rajendra Cola (12. Jahrhundert) wird berichtet, daß er 400 Devadāsīs aus ganz Tamil Nadu zusammenrief, damit sie im Bṛhadīśvara-Tempel in Tanjore ihre Kunst darboten. Und in einer anderen Inschrift aus dem 12. Jahrhundert rühmt sich der Sonnentempel von Konarak (Orissa) mit der Beschäftigung von über 500 Tempeltänzerinnen und Musikern.

Vor allem an südindischen Tempeln erfreuten sich diese Tänzerinnen großer Beliebtheit. Von dort wurden sie mitunter zu nördlicheren Heiligtümern gerufen. So beschäftigte bis vor wenigen Jahren der Jagannātha-Tempel in Puri (Orissa) Devadāsīs aus Südindien – eine Tradition, die inschriftlich spätestens seit König Pratāparudra (frühes 16. Jahrhundert) aus der Gajapati-Dynastie belegt ist.

In Orissa waren die Tänzerinnen, die man dort Maharīs nannte, nicht nur dem Tempel, sondern auch dem königlichen Palast verpflichtet, wo sie regelmäßig zum Segen des Königspaares tanzten (s. Abb. 3). Unter königlichem Schutz stand dort ein geheimes Ritual, das jedes Jahr im Hochsommer im Jagannātha-Tempel zelebriert wurde: Eine leicht bekleidete Maharī tanzte vor der Statue des unverheirateten Bruders des Gottes Jagannātha, um Regen zu erbitten.

Als unter dem Einfluß der britischen Kolonialmacht lokale Herrscher die Unterstützung der Tempel zunehmend vernachlässigten, verlor die Kaste der Devadāsīs an Prestige. Zudem kamen die Tänzerinnen in Verruf, da sie nicht selten eine Art sakrale Prostitution betrieben, durch welche die Fruchtbarkeit des Landes und des Königspaares gesichert wer-

4 Holzskulptur einer Devadāsī, Ashutosh Museum, Calcutta, 18. Jh. ▷

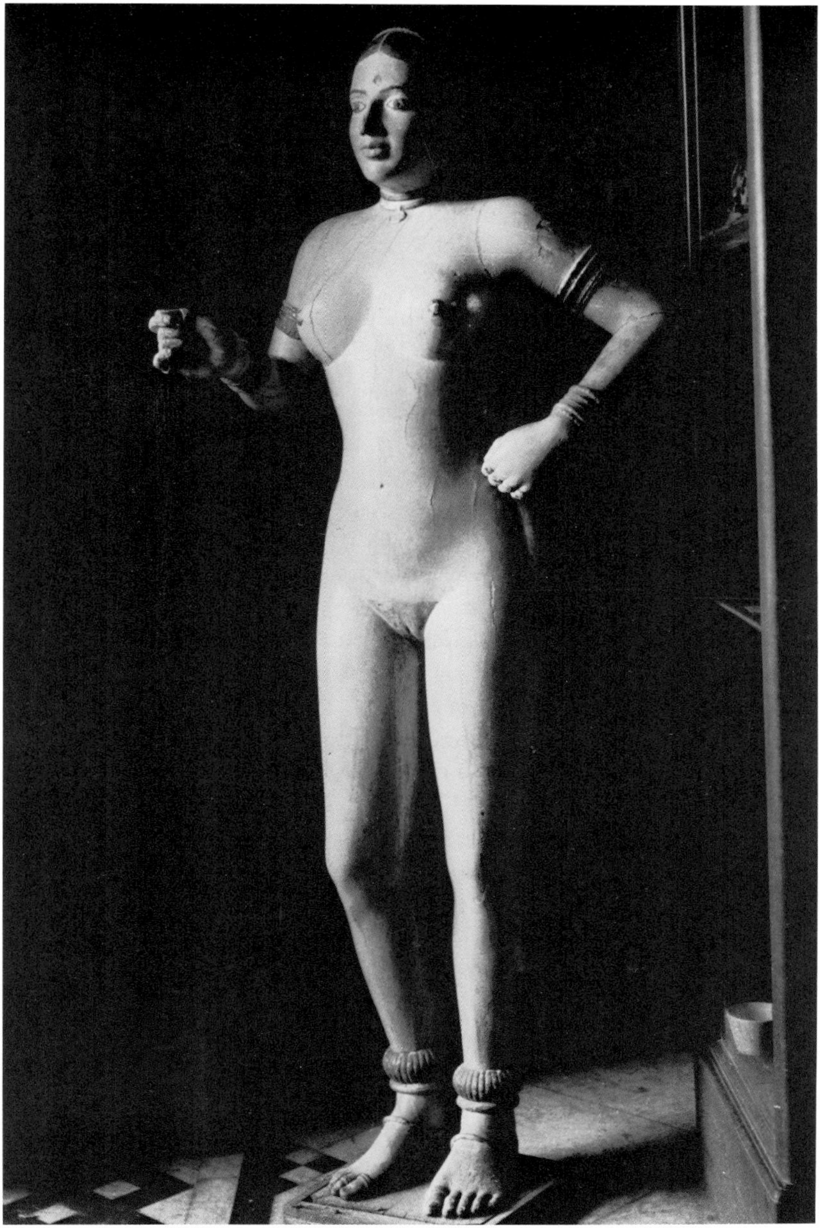

den sollte: Zu bestimmten Zeiten des Erntezyklus gaben sich manche Devadāsīs Tempelpriestern hin.

Inwieweit Tempeltänzerinnen auch schon früher ihre Liebesdienste Pilgern anboten, ist umstritten. Fest steht jedoch, daß im 18. und 19. Jahrhundert viele von ihnen der kaum noch sakral abgesegneten Prostitution verfallen waren. Auch heute ist jene oft der wirtschaftlichen Not entstammende Sitte noch anzutreffen.

Der Vorwurf der Prostitution schädigte den Ruf der Devadāsīs derartig, daß der Tempeltanz in Gefahr geriet, auszusterben. Vor allem orthodoxe Hindus, aber auch gebildete, westlich erzogene Mitglieder der Oberschicht wandten sich gegen diese alte Tradition. In einigen Regionen wurde der Tempeltanz zensiert, in anderen gar verboten. So verfielen nun tatsächlich zahlreiche Devadāsīs der Prostitution, da sie als Dienerinnen der Götter nicht heiraten durften und daher kaum einen Mann finden konnten, der für ihren Unterhalt sorgte.

Darüber hinaus führte das sinkende Ansehen der Tempeltänzerinnen dazu, daß Familien immer seltener bereit waren, ihre Töchter einem Tempel als Gottesdienerin zu übergeben – was zuvor als überaus verdienstvoll galt. So sahen sich einige Tempel gezwungen, Mädchen zur Ausbildung als Tempeltänzerin zu kaufen oder gar zu kidnappen. Noch vom Beginn dieses Jahrhunderts sind Fälle bekannt, bei denen bis zu 2000 Rupien für zukünftige Devadāsīs gezahlt wurden.

Da jedoch der Tempeltanz maßgebliche Elemente der klassischen Tanztradition bewahrte, drohte aufgrund dieser Entwicklung die Tanzkultur Indiens unwiderruflichen Schaden zu nehmen. Es ist nur wenigen stolzen Tänzerfamilien zu verdanken, daß es dazu nicht kam. Sie leiteten eine Renaissance des klassischen indischen Tanzes ein, die in den nationalistischen, gegen die englische Kolonialmacht gerichteten Befreiungsbewegungen auf fruchtbaren Boden fiel. So konnte Anfang dieses Jahrhunderts die traditionelle Kunst der indischen Tanzkultur wieder aufleben und sich zu neuer Blüte entwickeln.

Der religiöse Hintergrund

Ideale der hinduistischen Gesellschaft

In Indien sind die Bretter, die die Welt bedeuten, vor allem ein Podium der Religion. Theater und Tanz werden vielfach als eine dramaturgische Imitation der göttlichen Welt verstanden.

Freilich dominiert in Indien nicht eine Religion mit anerkannten Glaubensgrundsätzen, einer gemeinsamen Moral, Utopie oder Befreiungslehre. Auch existiert keine übergeordnete Kirchenorganisation als Instanz, die in religiösen Streitfragen Autorität besäße. Statt dessen gibt es zahlreiche Religionen, die sich durch ihre Götter, Religionsstifter, Schriften und Kulte zum Teil erheblich voneinander unterscheiden. Das betrifft nicht nur religiöse Bewegungen und Richtungen innerhalb des Hinduismus, sondern auch andere große auf indischem Boden vertretene Religionen wie Islam, Jainismus, Sikhismus, Buddhismus und Christentum.

Deutlichster sozialer Ausdruck des Ringens um religiöse Anerkennung und Selbstbehauptung ist das Kastensystem mit seiner strikten Normierung vieler Lebensbereiche. Dabei nimmt im Hinduismus der ›Veda‹ eine gewisse Autorität ein. Der alte Veda umfaßt vier heilige Textsammlungen: Der ›Rigveda‹ enthält im wesentlichen religiöse Hymnen, der ›Sāmaveda‹ Gesänge, der ›Yajurveda‹ Opfersprüche und der ›Atharvaveda‹ magische Zauberformeln.

Obwohl im heutigen Indien nur noch wenige Priesterfamilien den Wortlaut der vedischen Sammlungen bewahren und sich die Funktion des ›Veda‹ weitgehend auf die Rezitation einzelner Hymnen während bestimmter Hausriten beschränkt, bleibt diese Textsammlung ein wichtiges Mittel religiöser Legitimation. Sie ist in ihrer wörtlichen Bedeutung das heilige Wissen schlechthin, welches als geoffenbart gilt und vor ritueller Verunreinigung geschützt werden muß.

Auch die mythologische Bezeichnung von Tanz und Theater als fünften Veda ist als Mittel religiöser Legitimation zu werten, gehörten die

5 Ekāmbareśvara-Tempel mit Bühnenhalle, Kanchipuram, 6. Jh.

Tänzer und Schauspieler doch einem Stand an, der die vedischen Sammlungen nicht erlernen durfte. So heißt es in einem beliebten Mythos, daß der Schöpfergott Brahmā von den übrigen Göttern gebeten wurde, einen fünften Veda zu schaffen, der sichtbar machen sollte, wie die Menschen die höchsten Lebensziele meistern könnten. Brahmā entnahm daraufhin den vier heiligen Sammlungen des Veda die wichtigsten Elemente und verkündete den ›Nāṭyaveda‹, das »Wissen von Tanz und Drama«.

Die brahmanischen Verfasser jener Texte waren bestrebt, ihre Götter und Lehren zu popularisieren, um ihre religiöse Vormacht behaupten zu können. So ließen sie eine Kunst als fünften Veda zu, deren Vertreter sie normalerweise von ihrem sozialen und rituellen Leben ausschlossen.

Frühvedische Elemente sind im klassischen Tanztheater Indiens denn auch kaum zu erkennen. In einigen Stücken treten zwar Götter des vedischen Pantheons auf, wie etwa Indra, der kräftige Krieger und König der Götter, dessen Waffe der Donner ist, oder Sūrya, der Sonnengott mit seinem von sieben Pferden gezogenen Wagen. Auch wird der Mittelpunkt der Bühne mitunter als Opferplatz im Sinne eines vedischen Altars aufgefaßt und mit Indras Fahnenmast *(jarjara)* markiert. Doch können diese Elemente nur entfernt als ursprünglich vedische Bestandteile des indischen Tanzes angesehen werden, vielmehr wurden sie nachträglich als vedisch erklärt, um so ihre religiöse Bedeutung zu verstärken.

Während die religiöse Funktion der vedischen Sammlungen, die als von Sehern »Gehörtes« *(śruti)* bezeichnet werden, allmählich abnahm, gewannen jene Texte an Bedeutung, die als »Erinnertes« *(smṛti)* legendärer Lehrer gelten. So wurde einerseits der Einfluß des Veda geschwächt und andererseits ausgedehnt.

Zu der *smṛti* zählen nicht nur Texte, die als »Glieder des Veda« *(vedāṅga)* gelten, da sie unmittelbar an das vedische Opferritual anschließen, es ausdeuten und verfeinern, sondern auch Texte, in denen ein Bezug zu den vier Veda-Sammlungen kaum noch erkennbar ist. In diesen Schriften stehen vornehmlich drei Aspekte des hinduistischen Weltbildes im Vordergrund, die auch zu den wichtigsten Themen des klassischen Tanztheaters gehören.

So liefern Mythen und Legenden, Götter- und Heldengeschichten, wie in den beiden umfangreichen Epen ›Mahābhārata‹ und ›Rāmāyaṇa‹ oder in den ›Purāṇa‹-Texten, Stoffe für das Tanztheater. Als Quellen dienten auch Schriften wie etwa das berühmte Gesetzbuch des Manu oder die ›Gṛhyasūtras‹, die rituelle und sittliche Pflichten für das familiäre Leben der Stände und Kasten festlegen. Zudem kommen in fast der gesamten indischen Literatur philosophisch-praktische Konzepte zur Geltung, in denen die Lebensführung des einzelnen mit spirituellen, auf eine Erlösung gerichteten Zielen verbunden ist.

In dieser über Jahrhunderte hinweg immer wieder erweiterten Literatur präsentiert sich die hinduistische Gesellschaft mit ihren kulturellen Idealen. Da sich das klassische Tanztheater als Imitation dieser idealen Welt versteht, ist es kaum ohne einen Rückgriff auf die in jenen Werken entwickelten Konzepte verständlich.

So gehören die menschlichen Figuren eines Dramas stets einem der vier Stände oder Klassen *(varṇa)* an, deren hierarchische Ordnung auf ihre Funktionen beim vedischen Opfer zurückgeht. An der Spitze stehen die Brahmanen, ein Priester- und Geistesadel, dem es obliegt, den Veda und das Opfer zu bewahren. Ihnen folgen die Kṣatriyas, ein Krieger- und Ritterstand, aus dessen Mitte die Könige und großzügigen Opferveranstalter stammen. An dritter Stelle stehen die Vaiśyas, Händler und Bauern, deren rituelle Pflicht unter anderem darin besteht, für das umfangreiche Opfermaterial zu sorgen. Und an letzter Stelle folgt der Stand der Śūdras, Diener und Handwerker, die am Opfer in der Regel nicht teilhaben durften.

Dieser alten Ständeordnung entsprechend, sind die menschlichen Rollen der Tänzer und Schauspieler vorgezeichnet. Das betrifft nicht nur das Äußere, das Make-up, die Kostüme und Attribute, sondern auch den Charakter der Figuren, der sich theoretisch oft aus drei Eigenschaften *(guṇa)* zusammensetzt: aus Wahrheit und Reinheit *(sattva)*, Leidenschaft *(rajas)* sowie Finsternis *(tamas)*.

Die Gültigkeit dieser im Hinduismus wichtigen Dreiteilung ergibt sich für Gläubige ebenfalls aus dem Veda und seinen drei Welten der Götter, Menschen und Dämonen. Auch die Figuren des Tanztheaters gelten daher oft als Repräsentanten dieser drei Welten: ideale Menschen mit einem brahmanisch-reinen, göttlichen Wesen, leidenschaftlich-mutige, gleichwohl von Gier und Lust getriebene Helden oder dunkle Typen wie Śūdras mit hinterhältigem, dämonischem Charakter.

6 *Moderne Adaption des ›Rāmāyaṇa‹-Epos in Kalakshetra, Madras, mit typischen Figuren wie König, Königin, Held, Asket etc.*

Ein König etwa wird auf der Bühne fast immer als typischer Vertreter des Kṣatriya-Standes portraitiert – mit allen Tugenden und Fehlern. Er ist nobel, ritterlich und gerecht, verfällt jedoch leicht den Frauen, dem Wein oder der Jagd. Ein Asket hingegen ist meist ein alter, weiser Mann mit langem Haar und weißem Bart, der, versunken in Meditationen, standhaft verführerischen Nymphen trotzt.

Die Tänzer und Schauspieler folgen nicht etwa stereotypen Klischees, wenn die Figuren des klassischen Tanztheaters solchermaßen stilisiert dargestellt werden (s. Abb. 6), vielmehr akzeptieren sie die Konventionen der hinduistischen Gesellschaft, in der seit je der Status des einzelnen weitgehend von der sozialen Gruppierung abhängt, der er angehört. Dabei unterscheiden sich die Vorstellungen über den tugendhaften Lebenswandel von Familie zu Familie, von Kaste zu Kaste.

Hindus haben für dieses Geflecht an Ge- und Verboten einen Begriff, der sich nicht allein auf die Moral bezieht, sondern sowohl zivil- und strafrechtliche als auch rituelle Aspekte des sozialen Lebens umfaßt. Sie nennen die Normen des religiösen und sozialen Lebens *Dharma,* wobei es nicht nur einen, sondern zahlreiche Dharma gibt.

So sind beispielsweise im Hinduismus Diebstahl, Ehebruch oder gar die Tötung beziehungsweise Verletzung von Lebewesen keineswegs für alle Gläubigen gleichermaßen verboten. Einem König kann es durchaus gestattet sein, sich aller schmutzigen Mittel der Politik, einschließlich des Mordes, zu bedienen, um seine Macht zu erhalten oder auszuweiten. Das Staatslehrbuch des Kauṭalya nennt zahlreiche solch listiger Tricks der „Diplomatie“, die in ihrer Rücksichtslosigkeit und Brutalität den Praktiken eines Machiavelli nicht nachstehen. Zum Dharma der Kaste der Diebe gehört ebenso selbstverständlich das Stehlen wie die Prostitution zum Dharma der Hetären. Auch dazu gibt es, frei von jeder Moralität, Lehrbücher: Der »Leitfaden der Liebeslust«, das ›Kāmasūtra‹, ist nur eines von unzähligen.

Unterschiedliche Konzeptionen des Dharma gelten nicht nur für einzelne Kasten und Regionen, sondern auch für die Geschlechter und das jeweilige Alter der Gläubigen. Frauen haben ebenso ihren eigenen Dharma wie die jeweiligen Lebensabschnitte, in denen verschiedene moralische und rituelle Maßstäbe gelten.

Da der Dharma vornehmlich das religiös-rituelle Leben bestimmt und dieses erst mit der Initiation beginnt, zählt die Kindheit nicht als eine eigene Phase. So werden alle männlichen Angehörigen der drei oberen Stände durch eine Jünglingsweihe, die als (erneute) Geburt in den Veda oder auch den Dharma gilt, initiiert. Sie erhalten dabei eine heilige Schnur, deutlichstes Merkmal für ihren Status als »Zweimalgeborene«, wie sie dann genannt werden. Erst nach der Initiation ist der »Zweimalgeborene« in der Lage, die wichtigen rituellen Erfordernisse seiner Familie und Kaste zu erfüllen, etwa die Todesriten auszuführen oder zu heiraten.

Der »Zweimalgeborene« tritt in das erste von vier Lebensstadien *(āśrama):* Er wird ein Brahmacārin. Den traditionellen Rechtstexten zufolge besteht seine Aufgabe vor allem im Studium der heiligen Schriften bei einem brahmanischen Lehrer, einem Guru. Nach den Jahren des Lernens beginnt der zweite Lebensabschnitt: Der »Zweimalgeborene« wird ein Gṛhastha, »ein im Haus Befindlicher«. Zu seinen vornehmlichen

7 Rāma bekämpft Rāvaṇa, Szene aus dem Yakshagana

Pflichten gehört es nun, Kinder, vor allem Söhne, zu zeugen sowie für das materielle und religiöse Wohl der Familie zu sorgen. Im Alter soll er sich dann, so verlangen es die Dharmatexte, vom aktiven Leben zurückziehen und in zwei Phasen auf den Tod vorbereiten. Zunächst als Vanaprastha,

»Waldeinsiedler«, am Rande des Dorfes, wenn seine Frau noch bei ihm sein darf, dann als Sannyāsin, »Entsager«, der alle materiellen und sozialen Bindungen aufgibt und nur noch auf seine Erlösung hinwirkt.

Diese Lehren sind freilich von Priestern und Gelehrten entwickelte religiöse Ideale, die im täglichen Leben nur selten befolgt werden, zumal sie allenfalls initiierte Hindus betreffen. Und doch bilden nach wie vor der soziale Status, das Alter und das Geschlecht den Rahmen des sozialen und religiösen Lebens, nach dem gläubige Hindus in Indien ihren Lebenswandel ausrichten. Wer wessen Frau heiraten darf, wer mit wem welche Speisen verzehren oder die Wasserpfeife rauchen kann, wer mit wem welche Arbeit ausführen soll, all das sind noch immer aktuelle Fragen, welche die Normen, den Dharma der jeweiligen Kasten, betreffen. Da die Antworten unterschiedlich ausfallen, ergibt sich eine Vielfalt von Lebensformen, die vergleichsweise problemlos nebeneinander bestehen können. Sie werden in der westlichen Welt entweder als spezifisch indische Toleranz gepriesen oder als typisch indischer Fatalismus abgelehnt.

Gleichwohl streitet man in Indien häufig darüber, was der richtige Dharma ist. Und so handeln auch die Stücke des indischen Tanztheaters von zahlreichen Konflikten über die Auslegung des Dharma. Nicht alle Hindus erkennen nämlich den Veda als Autorität für den Dharma an, und selbst diejenigen, für die er in dieser Frage bindend ist, folgen mehreren Schulen und Traditionen, wie eine umfangreiche Dharma-Literatur bezeugt. Zudem ist der Dharma vielfach nicht schriftlich fixiert, sondern beruht auf lokalen Besonderheiten und Gewohnheiten, die mündlich überliefert werden. Im Zweifelsfall soll man, so wird es auch von den alten Rechtsgelehrten anerkannt, diejenigen befragen, die durch ihren tugendhaften, makellosen Lebenswandel Respekt verdienen.

Im klassischen Tanztheater wird meist zugunsten einer brahmanischen Sichtweise des Dharma Stellung genommen. Dabei liegt besonderes Gewicht auf dem Konzept des religiösen Verdienstes *(puṇya)*, das sich nur dann einstellt, wenn der Dharma frei vom Streben nach materiellem, diesseitigem Wohlergehen *(artha)* und triebhaftem Verlangen *(kāma)* ist. Von den drei Lebenszielen der Menschen – Dharma, Artha, Kāma – hat im Hinduismus allein der Dharma einen Bezug zum jenseitigen Heil.

Zunächst wurde der Dharma abstrakt aufgefaßt, erst später erklärte man den Gott Vishnu zu seinem Hüter. Ursprünglich, das heißt im Veda und vor allem in den nachfolgenden Ritualtexten, bezog sich der Dharma stärker auf das magische Opferprinzip. Im Opfer wurde die göttliche Weltordnung, mit welcher der Dharma gewissermaßen gleichgesetzt wurde, erhalten und stets neu erschaffen. Dharma-gerechte Taten zu vollbringen, bedeutete damit auch, der Götter als Vermittler nicht zu bedürfen. Sie unterlagen selbst der absolut zwingenden Kraft des Opfers, durch das etwa ein langes Leben, Sühne oder der Tod des Nebenbuhlers erreicht werden konnte.

In den Upaniṣad-Texten entwickelten sich auch Bestrebungen, die heilige Macht ohne Mithilfe des Priesters zu erwerben. Zunächst ganz in naturphilosophische Spekulationen eingebettet, entstanden die Lehren der Seelenwanderung und der Befreiung davon. Die Seelen, so hieß es, kehren nach dem Tod fortlaufend wieder, verkörpern sich in einer Wiedergeburt. Ein Entrinnen aus dem Kreislauf der Geburten ist jedoch möglich, wenn Handeln vermieden wird, da jede Tat eine Verstrickung in die Wiedergeburt bedeutet. Gute Taten führen zu einer höheren Stufe des neuen Lebens, schlechte Taten zu einer niedrigeren. Nur wer erlöst ist, wer die irdische Welt als Illusion erkannt hat, wer seine Individualseele, sein *Ātman,* mit der Weltseele, dem *Brahman,* eins weiß, wird von dem zyklischen Wechsel zwischen Leben und Tod befreit.

Lehren wie diese brachten unter anderem den Typus des Asketen und Yogi hervor, der auch im Tanztheater große Bedeutung hat. Er ist ein oft mönchischer Entsager, der zurückgezogen von der Welt lebt und sich in spirituellen und yogischen Übungen kasteit. Die als »Hitze« konzipierte, magische Kraft, die ein Asket erwirbt, bringt ihm in der indischen Gesellschaft vor allem Ehrfurcht, aber auch Verachtung ein.

Von derartigen Figuren und Lehren handeln also die meisten Stücke des klassischen Tanztheaters. Selten wird dabei jedoch mit dem Zeigefinger auf die Moral einer Handlung verwiesen. Vielmehr ergibt sich das Tugendhafte spielerisch – nicht zuletzt dank vieler wechselvoller und keineswegs immer glücklich verlaufender Göttergeschichten.

Die Welt der Götter

Die meisten hinduistischen Tempel sind drei Gottheiten oder ihren Erscheinungsformen gewidmet: Shiva, Vishnu oder Devī, der »Göttin«. In vedischen Zeiten waren diese drei Götter nicht bedeutender als die meisten anderen Gottheiten des Pantheons. Etwa seit der christlichen Zeitenwende rangen sie jedoch zunehmend um den Status der höchsten Gottheit. Für ihre Anhänger, die sich zeitweilig sogar gewaltsam bekämpften, nimmt jede dieser drei heiligen Gestalten den Rang eines Schöpfers, Bewahrers und Zerstörers ein, und jede repräsentiert das absolute Prinzip, aus dem Realität entsteht und in das sie sich wieder auflöst. Und doch zeichnen sich diese Gottheiten durch große Unterschiede in Kult und Mythologie aus, die auch für die verschiedenen Tanzstile eine wichtige Rolle spielen.

Shiva

Shiva ist ein äußerst zwiespältiger Gott im hinduistischen Pantheon, ebenso boshaft und gefährlich wie wohlwollend und gnädig. Sein destruktiver Charakter klingt schon im Veda an, wo er noch Rudra, der Heuler, genannt wird, der im unglückverheißenden Norden und nicht wie die übrigen Götter im Osten lebt, dessen Zorn gefürchtet wird und den es mit Opfern zu beschwichtigen gilt.

Der Shiva des hinduistischen Pantheons ist nach wie vor ein wilder Gott, wenn auch mit zunehmend freundlichen Zügen. Oft wird er als ein Kastenloser mit unglückbringenden Merkmalen beschrieben. Als Yogi läuft er nackt herum, mit langem, verfilztem Haar, eingerieben mit der Asche von den Feuern der Verbrennungsplätze, an denen er sich gerne aufhält. Mitten auf der Stirn hat er ein drittes Auge, mit dem er eine zerstörerische Flamme erzeugen kann. Zu seinen Attributen zählen Kobras als Halsschmuck, ein Dreizack und eine Bettelschale aus einem Menschenschädel. Sein Reittier ist ein Stier, genannt Nandī.

In seinem Haar trägt Shiva die Mondsichel und die Gaṅgā, den vergöttlichten Fluß Ganges, den er auffing, um die Welt vor einer Überschwemmung zu bewahren. Auch in seinem Nacken befindet sich ein Zeichen seiner Güte gegenüber den Menschen. Er ist durch ein schreckliches Gift blau angelaufen, das Shiva einst trank, bevor es der Welt schaden konnte.

Shiva gilt als Gott der Paradoxe und Verkörperung von Gegensätzen. So kann er sowohl ein standhafter keuscher Asket als auch ein glühender Liebhaber sein. In einigen Mythen ist Shiva der Mann der Göttin, die er

8 Darstellung des Shiva-Naṭarāja, »Herr des Tanzes«, am Vaital-Deul-Tempel, Bhubaneshwar, 10. Jh. ▷

10 *Liṅga, phallisches Zeichen und Symbol Shivas, Pandraśivālaya, Paśupatinātha (Nepal), 19. Jh.* ▷

9 *Shiva und seine Gefährtin (Umāmaheśvara) mit Begleitfiguren, Pāṭan (Nepal)*

als Satī, Tochter des Dakṣa, heiratete. Dakṣa aber lehnte Shiva wegen seiner unziemlichen Erscheinung als nackter, langhaariger Asket ab und wollte ihn nicht zu einem großen vedischen Opfer einladen, das er veranstaltete. Als Satī dies erfuhr, wurde sie so wütend, daß sie sich in das Opferfeuer warf und mit ihrer Treue zu Shiva ein Vorbild für die einstige Sitte abgab, nach der sich Witwen auf das Leichenfeuer ihrer verstorbenen Ehemänner warfen. Daraufhin zerstörte Shiva das Opfer Dakṣas. Der religiöse Hintergrund dieser mythologischen Episode wird häufig als deutliche Ablehnung des vedischen Opferwesens gewertet.

Satī wird später in einem anderen Mythos wiedergeboren. Sie heißt dann Pārvatī und ist die Tochter des vergöttlichten Himalaya-Gebirges. Erneut wünscht sie, von Shiva geheiratet zu werden. Der aber ist versunken in seiner Meditation und will nichts von ihr wissen. Auch die anderen Götter möchten, daß Pārvatī Shiva ehelicht, da sie sich von einem Sohn Shivas Hilfe in ihrem ewigen Kampf gegen einen mächtigen Dämon ver-

sprechen. Sie schicken Kāma aus, den Gott der Liebe, damit er wie Amor seine unwiderstehlichen Pfeile der Liebessehnsucht auf Shiva richte. Dieser fühlt sich jedoch in seiner Versenkung so sehr gestört, daß er Kāma mit der Flamme seines dritten Auges zerstört. Kāma wird daraufhin zu Anaṅga, dem »Körperlosen«, als welcher er weiterhin die Herzen der Götter und Menschen erobern kann.

Einmal versucht Pārvatī den Shiva nicht mit ihrer Liebe, sondern ebenfalls mit Askese zu gewinnen. Nach langen Jahren der Entsagung gelingt es ihr tatsächlich, Shiva zu heiraten. Ihr gemeinsames Kind kann sie jedoch nicht alleine gebären, weil es sonst zu mächtig für die Welt geworden wäre. Sie benötigt die Hilfe von sechs Schwestern, den Kṛttikās oder Plejaden, nach denen ihr Sohn Kārtikeya genannt wurde.

Auch ein anderer Sohn von Shiva und Pārvatī wurde auf unnatürliche Weise geboren. Wieder war es Shiva, der als Asket nicht an Nachkommen interessiert war, obgleich ihn Pārvatī ständig bedrängte. Um sie zu trösten, formte er eine Stoffpuppe und schenkte sie Pārvatī. Als diese daraufhin Shiva voller Entzücken umarmte, wurde aus der Puppe ein Knabe. Kaum hatte Shiva ihn berührt, fiel der Kopf des Knaben ab, woraufhin Pārvatī so traurig wurde, daß Shiva dem Kind eilig den Kopf eines gerade vorbeiziehenden Elefanten aufsetzte. So entstand Ganesha (s. Abb. 11), der in Indien so beliebte elefantenköpfige Gott. Zumeist wird er dickbäuchig, mit vier Armen und ebenfalls drei Augen sowie einer Schale voller Süßigkeiten im Rüssel dargestellt. Die Göttin Erde gab ihm eine Ratte als Reittier. Als Sohn Shivas ist er auch ein Gott des Tanzes, seine bedeutendste Funktion besteht jedoch darin, Hindernisse aus dem Weg zu räumen. Dank dieser Macht wird Ganesha am Anfang einer jeden wichtigen Unternehmung angerufen und verehrt, auch zu Beginn von Tanzveranstaltungen.

Die Rivalitäten zwischen Shiva und Pārvatī, Ausdruck einer nur mythologisch möglichen Vereinigung von Gegensätzen, betreffen auch den im Shiva-Kult wichtigen Aspekt des Tanzes. So ist in einem südindischen Mythos von einem Tanzwettbewerb zwischen beiden die Rede, bei dem keiner den anderen besiegen kann. Erst als Shiva einen akrobatischen Tanzschritt ausführt, indem er ein Bein senkrecht bis zu seinem Kopf

11 Darstellung des Ganesha am Hoysaḷeśvara-Tempel, Halebid (Karnataka), ca. 1150 ▷

hochhebt, gewinnt er, weil die Göttin diese Bewegung aus Gründen der Sittlichkeit nicht vor anderen ausführen darf.

Shivas Tanz ist voller Erotik und Ekstase. Einmal tanzte er, nackt und betrunken, im Pinienwald der heiligen Seher sogar derart verführerisch, daß deren Frauen ihm nicht widerstehen konnten. Die mächtigen Seher verfluchten ihn daraufhin zur Mannlosigkeit. Shiva stimmte der Strafe zwar zu, kastrierte sich aber selbst. Als jedoch sein Phallus auf den Boden fiel, wurde er zu einer riesigen Feuersäule, welche die Welt zu verbrennen drohte. Voller Reue versprachen die Seher, Shivas Phallus, sein Liṅga (s. Abb. 10), zu verehren, wodurch die kosmische Weltordnung wieder hergestellt war.

Das Liṅga ist jedoch nur eine der zahlreichen Erscheinungsformen Shivas. In der Welt des Tanzes wird er als Naṭarāja, »Herr des Tanzes«, verehrt (s. Abb. 12). Auch in dieser Eigenschaft erzeugt Shiva durch seinen wilden Tanz ein Feuer, welches das Universum verbrennt. Dieses Feuer der Zerstörung gereicht jedoch letztlich zum Wohle der Menschen, weil es die Erneuerung des Lebens und Fruchtbarkeit ermöglicht.

Besonders in Südindien findet man zahlreiche Darstellungen des vierarmigen Naṭarāja. In seiner oberen rechten Hand hält der tanzende Gott eine sanduhrförmige *damaru*-Trommel, deren Töne die vedischen Hymnen, verdichtet in der heiligen Silbe *Om*, symbolisieren. In seiner oberen linken Hand hält Shiva-Naṭarāja das Feuer, welches in einen Flammenkreis übergeht, der den Gott umgibt, und das den ewigen Zyklus der Zeiten darstellt. Mit seiner unteren rechten Hand drückt Shiva-Naṭarāja die Geste der Abwehr von Furcht aus, und mit seinem rechten Fuß steht er auf dem bösen Zwerg Apasmāra, dem Sinnbild für die Ignoranz der Unwissenden. Die linke untere Hand zeigt auf sein linkes Bein, das aus dem Kreis des Feuers und damit auch aus dem Kreislauf der Geburten hinausweist, zu ewigem Frieden und Befreiung.

So wird auch in seinem Tanz das Wesen Shivas ausgedrückt: Schöpfung und Zerstörung, Erotik und Askese, Leben und Tod. Diese Gegensätze in sich vereinen zu können, ist vor allem Zeichen seiner göttlichen Macht.

Vishnu

Abgesehen von seinem Aspekt als Naṭarāja spielt Shiva in den Themen des heutigen Tanztheaters eine eher untergeordnete Rolle. Vishnu und seine Erscheinungsformen sind weitaus häufiger auf der Bühne repräsentiert.

12 *Shiva-Naṭarāja, moderne Bronze aus Madras*

In den ältesten Mythen wird Vishnu bereits als ein Bewahrer des Universums dargestellt, der die Balance zwischen Zerstörung und Schöpfung der Welt hält. So schläft er in einem Mythos auf einer Schlange in den Urwassern (s. Abb. 13), und während er von der Welt träumt, entfaltet sich auf seinem Bauch ein Lotus. Ihm entsteigt der Schöpfergott Brahmā, der dann tatsächlich die Welt erschafft.

Einer der wichtigsten Aspekte Vishnus ist der Schutz des Dharma, der sozio-kosmischen Ordnung. In dieser Funktion steigt Vishnu – nicht selten auf seinem Reittier Garuḍa – in zehn Inkarnationen *(avatāra)* vom Himmel herab, um die Guten zu schützen, die Bösen zu zerstören und den Dharma wiederherzustellen. Häufig werden diese zehn Avatāras des Vishnu in schneller Folge tänzerisch dargestellt.

Als Fisch *(Matsya)* rettet Vishnu den Veda sowie Manu, den Urahnen der Menschheit, vor der Sintflut und der zyklischen Zerstörung des Universums. Als Schildkröte *(Kūrma)* hilft er den Göttern, den Ozean zu quirlen, damit sie den Trunk der Unsterblichkeit erhalten. Als Eber *(Varāha)* befreit Vishnu mit seinen Hauern die Erde aus dem Ozean, wo ein Dämon sie gefangenhält.

13 Vishnu in seinem kosmischen Schlaf, Buḍhonīlakaṇṭha (Nepal)

Immer wieder tritt Vishnu gegen die gefährlichen Dämonen an. So tötet er, halb Mann, halb Löwe *(Narasiṃha)*, den König der Dämonen, und als Zwerg *(Vāmana)* führt er die bösartigen Widersacher der Götter und Menschen sogar an der Nase herum: Einmal hatten die Dämonen dem Zwerg-Gott so viel Land zugebilligt, wie er mit drei Schritten abschreiten könne. Daraufhin zeigt Vishnu seine wahre göttliche Größe und durchmißt alle drei Welten – Unterwelt, Erde und Himmel – zugleich. In seiner letzten Inkarnation, *Kalki*, wird Vishnu als Krieger auf einem weißen Pferd erscheinen, um am Ende dieses Zeitalters die Bösen zu bestrafen und einen neuen, dharma-vollen Zeitenzyklus einzuleiten.

Rāma und Krishna

In anderen Erscheinungsformen hat Vishnu fast menschliche Züge, vermutlich weil durch diesen Gott ursprünglich unabhängige Religionsformen und Heldenfiguren vereinnahmt wurden. Selbst Buddha, der Stifter einer eigenen Religion, wird als neunte Erscheinungsform Vishnus absorbiert. Als *Paraśurāma*, dem sechsten Avatāra, ist Vishnu ein heldenhafter Brahmane, der mit einer Streitaxt *(paraśu)* die Kṣatriyas, den Stand der Krieger und Ritter, bekämpft, da sie die Welt allein beherrschen wollten und damit den Dharma zu zerstören drohten.

Von Paraśurāma unterscheidet sich Vishnus siebter Avatāra, *Rāma-Daśarathi*, der gerechte König und Held des ›Rāmāyaṇa‹-Epos (s. Farbabb. 5). Die ältesten Teile dieses monumentalen Werkes entstanden in den Jahrhunderten vor der christlichen Zeitenwende. Bis zur Zeit der Gupta-Dynastie, die seit dem 4. Jahrhundert n. Chr. regierte, wurde das Epos dann ständig erweitert und ergänzt. In seiner klassischen Version und den zahlreichen modernen Varianten gehört das ›Rāmāyaṇa‹-Epos, das immer wieder den Stoff für Tanzstücke abgibt, zu den beliebtesten Texten Indiens.

Dieses Epos erzählt in etwa 24 000 Versen vornehmlich von den Abenteuern des Rāma, der zugunsten seines Vaters auf den Thron verzichten muß. Mit seiner Frau Sītā und seinem Halbbruder Lakṣmaṇa geht er daraufhin ins Exil, wo Sītā von dem zehnköpfigen Dämonenkönig Rāvaṇa der Insel Lanka entführt wird (s. Abb. 14). Mit Hilfe des Affengottes Hanumān gelingt es Rāma jedoch, seine Frau zu befreien.

Das Epos ist voller moralischer Abschnitte, in denen Rāma immer wieder als Verkörperung ehrenvollen Heldenmutes dargestellt wird. Sītā, die öffentlich beweisen muß, daß sie den Verführungen des Dämonen standhalten konnte, gibt ein indisches Vorbild weiblicher Treue ab.

Ebenso wie Rāma ist Krishna eine Erscheinungsform Vishnus mit eher menschlichen Zügen. Weltberühmt wurde Krishnas Rede, die ›Bhagavadgītā‹ (»Gesang des Erhabenen«), die er am Abend des großen Krieges hält. Sie steht im Mittelpunkt des großen ›Mahābhārata‹-Epos, in dem sich zwei Gruppen von Brüdern und Halbbrüdern bis aufs Messer um die Vorherrschaft bekämpfen. In der ›Bhagavadgītā‹ ermahnt Krishna als Wagenlenker den Heerführer Arjuna, seinem Krieger-Dharma nachzukommen und trotz aller Bedenken gegen seine eigenen Vettern anzutreten. Geschähe dies, so sagt Krishna, ohne jede innere Beteiligung, gewissermaßen als Vollzug des für die kosmische Ordnung Notwendigen, so sei der Kampf gegen die eigenen Verwandten nicht verwerflich. Im Gegenteil, eine solche Handlungsweise könne ebenso zur Erlösung führen wie der Weg der Askese. In dieser Figur des Krishna (-Vāsudeva) wurde möglicherweise ein historischer Held, der Führer der Bhāgavatas, vergöttlicht.

Neben seinen überwiegend dem Kriegerstand zuzurechnenden Aspekten wird Krishna aber auch als friedlicher, pastoraler Gott verehrt. Dabei ranken zahlreiche äußerst populäre Episoden aus dem Leben des Kuhhirten (Gopāla-)Krishna um eine Geschichte, deren Kern wieder einmal die siegreiche Bekämpfung eines Dämonen ist.

Besonders ausführlich wird im ›Harivaṃśa‹ oder »Geschlecht des Hari (= Krishna)« dessen wilde und freche Kindheit beschrieben. Als Krishnas Mutter einmal in seinem Mund nachschauen wollte, wieviel Butterschmalz er wieder heimlich genommen hatte, erblickte sie statt der leckeren Butter das ganze Universum. Ein anderes Mal schickte der Dämon Kaṃsa, der Krishna nach dem Leben trachtet, die Dämonin Putanā aus, um den kleinen Gott an ihrer vergifteten Brust trinken zu lassen. Krishna jedoch, schon als Kleinkind von unbeschreiblicher Kraft, saugt nicht nur die für ihn ungefährliche Milch, sondern das Leben aus der Brust der Putanā.

Eine weitere, in etlichen indischen Miniaturen dargestellte Episode aus Krishnas Leben ist das Anheben eines Berges. In Zeiten der Dürre baten einst die Bauern den Gott Indra um Regen. Krishna schlug statt dessen vor, den Berg Govardhana zu verehren. Daraufhin war Indra so beleidigt, daß er verheerende Regenströme schickte, die alles zu zerstören drohten.

14 Entführung Sītās durch Rāvaṇa, Szene aus dem Yakshagana

Krishna jedoch hob den Berg hoch, so daß die Bauern und ihr Vieh darunter wie unter einem Regenschirm Schutz finden konnten.

Als Jüngling betört Krishna immer wieder die Kuhhirtinnen und Milchmädchen durch seine Flöte, mit der er sie in Vollmondnächten aus dem Dorf lockt, um mit ihnen zu tanzen. Erst stiehlt er den Mädchen die Kleider, während sie im Fluß baden, dann macht er sie eifersüchtig, bis er sie schließlich zum Rasamaṇḍala (s. Farbabb. 1, 3), einem besonderen Rundtanz, einlädt, wobei er jede von ihnen glauben macht, daß sie mit ihm alleine tanze.

Krishna hat 16000 Frauen, von keiner wird er jedoch so geliebt wie von der Kuhhirtin Rādhā. Der im 12. Jahrhundert n. Chr. lebende bengalische Dichter Jayadeva setzte in seinem ›Gītāgovinda‹ oder »Gesang für Govinda (= Krishna)« dieser Liebe ein Denkmal.

Im ›Gītāgovinda‹, das die Vorlage vieler Tanzstücke bildet, findet eine fast schon monotheistische Gottesliebe ihren Höhepunkt, die sich im Süden Indiens bis in das 4./5. Jahrhundert n. Chr. zurückverfolgen läßt: die selbstlose, hingebungsvolle Verbindung zwischen dem einzelnen und seiner bevorzugten Gottheit, die meist Krishna ist. Kennzeichen dieser *Bhakti* genannten Bewegung ist vor allem die emotionale Hingabe seitens der Gläubigen, die vielfältig ausgedrückt werden kann, etwa durch das beständige Singen der Namen eines Gottes. Dessen Antwort besteht in Form von göttlicher Gnade, zu der auch die Befreiung vom Schicksal der Wiedergeburten gehören kann. Die Verbreitung der Bhakti-Bewegung läßt sich unter anderem dadurch erklären, daß sie die strikten Kastengrenzen übertreten läßt und gegenüber dem brahmanischen Opferwesen weniger aufwendige Verehrungsriten erfordert.

Im tänzerischen Ausdruck von religiöser oder profaner Liebe werden häufig symbolische Gesten verwendet, die poetischen Konventionen der reichhaltigen Liebeslyrik Indiens entsprechen. So ist der Lotus, in dessen Blütenkelch eine vom Duft der Pflanze angezogene Biene über Nacht eingeschlossen wird, ein in der Liebeslyrik wie im klassischen Tanz gleichermaßen beliebter Topos. Mit der Biene, die stets von einer Pflanze zur nächsten fliegt, wird auf die Treulosigkeit eines Liebhabers angespielt.

Wiederholt findet auch die Stimmung von Liebenden, die aus widrigen Gründen nicht zueinanderfinden können, tänzerischen Ausdruck. Ihre traurige Sehnsucht wird dabei durch allerlei symbolische Gesten und Töne geweckt, etwa durch den musikalisch imitierten Ruf des Kuckucks, den zu hören eigentlich als anregend gilt, weil er wie das Liebesstöhnen der Frau klingt. Wenn diese aber von ihrem Geliebten getrennt ist, erinnert der Ruf des Kuckucks nur schmerzlich an das Unerreichbare.

Devī – die Göttin

Wenn im Hinduismus von Devī, der »Göttin« gesprochen wird, meint man zumeist die Gefährtin Shivas oder, genauer gesagt, seine (weibliche) Kraft *śakti.* In ihr sind verschiedene (Mutter-)Gottheiten vereint, von denen einige eher lokale Bedeutung haben, andere hingegen Erscheinungsformen innerhalb des großen panhinduistischen Pantheons sind.

Dementsprechend vielfältig sind die Namen der Göttin. Überwiegend wohlwollende Aspekte haben *Gaurī* (die Goldene), *Umā* (die Lichte)

15 *Devī, den Büffeldämonen tötend, Mukteśvara-Tempel, Bhubaneshwar, 8.–9. Jh.*

oder *Pārvatī* (die Bergtochter). Hingegen gelten etwa *Durgā* (die Unerreichbare), *Kālī* (die Schwarze) oder *Cāmuṇḍā* (die Kahlköpfige) als wild und zerstörerisch, so daß sie mit blutigen Tier- und Demutsopfern verehrt werden müssen.

Ikonographisch wird die Göttin häufig dargestellt, wie sie als Durgā einen gefährlichen Büffeldämonen tötet (s. Abb. 15), oder als Kālī, die mit ausgestreckter Zunge und einer Kette aus Menschenschädeln auf ihrem Gefährten Shiva steht. Die Mythen, auf denen derartige Bilder basieren, werden freilich weniger vom klassischen Tanz als vom Volks- und Ritualtanz aufgegriffen, da der Kult der Göttin, Tantrismus oder Śāktismus genannt, mehr oder weniger offen gegen den Veda gerichtet ist, während der klassische Tanz sich explizit in der vedischen Tradition sieht.

Die Rituale der Göttin erfordern zudem eine meist geheime Weihe durch einen Guru, bei der eine spirituelle und rituelle Vereinigung des Gläubigen mit der Göttin beziehungsweise Shivas weiblicher Kraft, seiner *śakti*, gelehrt wird – und zwar auf vielen Ebenen: körperlich mit symbolischen Gesten *(mudrā)* oder meditativen und yogischen Übungen, visuell mit magisch-symbolischen Diagrammen (*yantra* oder *maṇḍala*) und akustisch mit mystischen Silben *(mantra)*.

Neben den Hauptgottheiten des hinduistischen Pantheons erscheinen auf der Bühne des klassischen Tanztheaters zudem Götter und Göttinnen, die oft nur regional bekannt sind. Außerdem werden zahlreiche Dämonen und Geister sowie Heldenfiguren in die Handlung eingebracht, so daß es selten an einem abwechslungsreichen Szenarium mangelt.

◁ *16 Nṛtta-Sarasvatī, die Göttin der Künste und Wissenschaften, Hoysaḷeśvara-Tempel, Halebid (Karnataka), ca. 1150*

Das traditionelle Tanztheater

Bei der Tanzkultur Indiens unterscheidet man in der Regel zwischen klassischen Tanzstilen sowie Ritual- und Volkstänzen. Als klassisch gelten die an der großen sanskritischen Tradition orientierten Tanzrichtungen, in denen Choreographie, Musik und Rhythmus sowie dargestellte Themen möglichst schriftlich fixiert sind oder zumindest anerkannten Texten entsprechen. In Indien bezeichnet man nur solche Tanzstile, die dem rechten Weg *(mārgī)* folgen, als klassisch. Demgegenüber gelten die Volkstänze als vom Lande kommend *(deśī)*, da sie zumeist mündlich tradiert werden und in ihrer Funktion eher lokal begrenzt sind.

Beide Tanztraditionen haben sich jedoch gegenseitig so sehr beeinflußt, daß es kaum möglich ist, diese Unterscheidung grundsätzlich aufrechtzuhalten. So müssen beispielsweise die Chhau- oder bestimmte Manipuri-Tänze als klassisch gelten, obwohl sie bislang nur mündlich überliefert wurden. Das Bewegungsvokabular dieser Tänze sowie ihre Ästhetik ähneln nicht nur klassischen Tanzskulpturen, beides ist auch, ohne daß die Aufführenden dies unbedingt wissen, in traditionellen Tanztexten detailliert beschrieben.

Ohnehin erscheint der indische Tanz nur dann als eine Einheit, wenn er mit Tanzkulturen anderer Länder verglichen wird. Während der über 2000 Jahre dauernden Tradition des Tanztheaters sind so viele Stilrichtungen entstanden, daß es sinnvoll erscheint, eher auf ihre Besonderheiten hinzuweisen, als die wenigen Gemeinsamkeiten zu betonen.

Die Einzigartigkeit eines jeden Tanzstils ergibt sich aus seinem lokalen und sozialen Umfeld, das erst die kulturelle Vielfalt Indiens verdeutlicht. Die regionale Überlieferung eines Mythos, die lokalen Musikinstrumente

17 Erschreckt-furchtsamer (bhayānaka) Gefühlszustand, Tänzerin: Swapna Sundari ▷

und -stile, die unterschiedlichen Gewohnheiten in Sprache, Bekleidung und Etikette, all dies geht in die jeweilige Tanztradition ein und verleiht ihr Vitalität.

Und doch erscheint es berechtigt, zumindest beim klassischen Tanz, von prinzipiellen Gemeinsamkeiten zu sprechen. Sie beziehen sich freilich eher auf die Theorie, die in einer umfangreichen Literatur vorliegt. In zahlreichen traditionellen Kompendien und Lehrbüchern werden nahezu alle Aspekte des klassischen Tanzes und Theaters zusammengefaßt und erläutert.

Die klassische Tanzliteratur

Die klassischen Tanzmanuale schenken dem Zusammenhang von Bewegung, Musik und der Gefühlshaltung des Tänzers besondere Aufmerksamkeit. Die Texte sind fast ausschließlich in der Sanskritsprache abgefaßt, die zumindest in vergangenen Zeiten nicht von den Schichten und Kasten gesprochen beziehungsweise verstanden wurde, aus denen die Tänzer und Schauspieler stammten. Dennoch hat sich das Tanzvokabular der klassischen Texte in den meisten Tanztraditionen Indiens durchgesetzt. Wie ein Pas de deux im westlichen Tanz ein Ballett für zwei bezeichnet, so bot sich in Indien die überregional verbreitete Sprache des Sanskrit geradezu an, die Tanzkultur über lokale Unterschiede hinaus zu erfassen und zu systematisieren.

Als berühmtestes und ältestes Werk dieser Art gilt das einem legendären Verfasser namens Bharata zugeschriebene ›Nāṭyaśāstra‹. Diese Zusammenstellung verschiedener Tanz- und Theaterrichtungen, die auch ausführlich zu Fragen der Wirkung von Tanz, Musik und Sprache Stellung nimmt, wurde vermutlich im 5. Jahrhundert n. Chr. abgeschlossen. Für die Mehrzahl der später entstandenen Tanzliteratur war das ›Nāṭyaśāstra‹ maßgeblich. Es ist besonders eindrucksvoll zu beobachten, wie viele Tanzlehrer auch heute noch die Grundsätze dieses klassischen Textes in die Praxis umsetzen. Neben dem ›Nāṭyaśāstra‹ hat das vermutlich im 12. Jahrhundert von einem gewissen Nandikeśvara verfaßte klassische Kompendium ›Abhinayadarpaṇa‹, »Spiegel der (tänzerischen) Darstellungskünste«, eine vor allem in Südindien fast autoritative Geltung für das Tanztheater gewonnen.

Die Ästhetik von Stimmungen

Eingehend befaßt sich das ›Nāṭyaśāstra‹ mit der Wirkung der darstellenden Künstler auf die Zuschauer. Dabei werden grundlegende Begriffe und Konzepte der indischen Ästhetik verwendet, die eher einer Erklärung denn einer Übersetzung bedürfen. Vereinfacht gesagt geht es darum, wie Tänzer, Schauspieler, Musiker, Maskenbildner und Requisiteure Gefühlshaltungen, die *Bhāvas,* so hervorbringen können, daß sie beim Zuschauer korrespondierende Gefühlszustände, die *Rasas,* auslösen.

Die theoretischen Grundlagen von Gefühlshaltung und Gefühlszustand bilden eine detaillierte Psychologie der indischen Ästhetik, da sie nicht nur für Tanz und Theater gelten, sondern ebenso Musik und Poetik, Farben und Formen, selbst Geschmack und Düfte betreffen.

Dem ›Nāṭyaśāstra‹ zufolge reagiert die menschliche Seele auf zunächst acht, später neun Gefühlshaltungen. Ziel des Tanztheaters ist es, die Gefühlshaltungen durch den Darsteller auf der Bühne zu manifestieren. Das geschieht nur zum Teil mit Mitteln der Körpersprache. So wird beispielsweise die Gefühlshaltung der sinnlichen Liebe *(rati)* unter anderem durch ein lächelndes Bewegen der Augen und Augenbrauen repräsentiert. Es müssen aber zu dieser Mimik noch drei begleitende Aspekte hinzukommen, damit die Bhāvas nicht nur gespielt, sondern auch verwirklicht werden.

Der erste Faktor betrifft die äußerlichen Bedingungen *(vibhāva),* welche die Entstehung eines Bhāva verursachen oder begünstigen. Sie entstammen zumeist poetischen Konventionen der indischen Metaphorik. So entwickelt sich beim Mann der Gefühlszustand der Liebe eher, wenn er eine schöne Frau in besonders anregenden Begleitumständen sieht, etwa bei Mondlicht in einem gepflegten Ziergarten.

Das zweite Element umfaßt 34 psychische Begleiterscheinungen *(vyabhicāribhāva)* einer emotionalen Grundstimmung, die der Darsteller zeigen muß. Bei der Liebe sind dies unter anderem Besorgnis, Verwirrung oder Schüchternheit.

Der dritte Faktor betrifft die unfreiwilligen psychischen Folgen *(anubhāva)* einer Gefühlshaltung, die auch als echte und reine Emotion gelten, da sie sich spontan einstellen sollen. Nur nach jahrelangem Training ist es den Darstellern möglich, sich so sehr in eine Gefühlshaltung hineinzuversetzen, daß sich entsprechende Körperreaktionen unfreiwillig ergeben.

18–20 Rasas, tänzerischer Ausdruck von Gefühlszuständen: vīra (heroisch-kühn), Tänzerin: Alarmel Valli; śṛṅgāra (verliebt), Tänzerin: Swapna Sundari; adbhuta (entzückt-verwundert), Tänzerin: Shanta Dhananjayan

Hierbei unterscheidet man im allgemeinen acht Typen: eine vorübergehende Lähmung, Schwitzen, das Aufrichten der Körperhaare, die Veränderung der Stimme, Zittern, einen Wechsel der Hautfarbe wie Erröten oder Erblassen, Tränen und Ohnmacht.

Tänzer und Schauspieler zeigen also nicht individuelle Gefühle des täglichen Lebens in all ihrer Vielfalt, statt dessen versetzen sie sich in emotionale Haltungen, deren sichtbare Folgen der stilisierte Ausdruck von Gefühlen sind. So soll eine auf der Bühne dargestellte oder getanzte Liebesszene beim Zuschauer nicht etwa ein Gefühl der Liebe hervorrufen. Der Gefühlszustand *(rasa)*, den es zu evozieren gilt, umfaßt eine standardisierte und damit formal-sinnliche Qualität eines ästhetischen Erlebnisses.

Aufgrund dieser Beziehung zwischen Darsteller und Zuschauer entsprechen die Gefühlshaltungen teilweise nur indirekt den Gefühlszuständen, wie die nachfolgende Übersicht zeigt.

Gefühlshaltung *(bhāva)*	**Gefühlszustand** *(rasa)*
1. Vergnügen, Sinnlichkeit *(rati)*	verliebt *(śṛṅgāra)*
2. Lachen *(hāsa)*	heiter, komisch *(hāsya)*
3. Sorge *(śoka)*	mitfühlend *(karuṇa)*
4. Zorn, Wut *(krodha)*	zornig *(raudra)*
5. Entschlossenheit, Kraft *(utsāha)*	heroisch, kühn *(vīra)*
6. Furcht *(bhaya)*	erschreckt, furchtsam *(bhayānaka)*
7. Abscheu, Ekel *(jugupsā)*	angeekelt *(bībhatsa)*
8. Verwunderung, Erstaunen *(vismaya)*	entzückt, verwundert *(adbhuta)*

Jüngere Texte als das ›Nāṭyaśāstra‹, die sich mit der indischen Ästhetik befassen, fügen noch ein neuntes Paar hinzu: der Gefühlshaltung »Frieden« *(śānti)* entspricht ein »friedlicher« *(śānta)* Gefühlszustand.

Die Übersicht verdeutlicht, daß die Beziehung zwischen Bhāva und Rasa nicht immer direkt korrespondiert. Wenn etwa auf der Bühne ein Held gezeigt werden soll, der eine große Tat zu vollbringen hat, so benötigt der Darsteller die fünfte Gefühlshaltung, »Entschlossenheit und Kraft«, um dem Zuschauer das Heroische seiner Handlung zu vermitteln. Die Diskrepanz zwischen Gefühlshaltung und -zustand ergibt sich daraus, daß der Zuschauer die Gefühle des Darstellers nicht direkt erfahren, sondern aus einer gezielten Distanz wahrnehmen soll. In der klassischen Tanztradition wie überhaupt in der indischen Ästhetik ist das komplizierte Wechselspiel zwischen Darsteller und Zuschauer nicht nur eine Frage der gefühlsmäßigen Wirkung. Die Emotionen beider Parteien sind vielmehr unpersönlich konzipiert – als Mittel, ästhetische Erlebnisse in religiöse Erfahrungen umzusetzen.

Darstellungsformen und Ausdrucksmittel

Das dramaturgische Verhalten von Tänzer und Schauspieler ist im ›Nāṭyaśāstra‹ in vier Formen *(vṛtti)* eingeteilt, deren Entstehung mythologisch erklärt wird. Danach forderten einst zwei Dämonen die göttliche Macht Vishnus in Gegenwart des Schöpfergottes Brahmā heraus. Zunächst attackierten sie Vishnu mit beleidigenden Worten. Diese verbale Verhaltensform *(bhāratīvṛtti)* wird vor allem in den südindischen Tanzstilen Kutiyattam (vgl. S. 124), Bhagavatamela (vgl. S. 96), Kuchipudi (vgl. S. 116) und Yakshagana (vgl. S. 120) praktiziert, in denen Tänzer sich gelegentlich auch sprechend ausdrücken.

21 Rasa, tänzerischer Ausdruck von Gefühlszuständen: śānta (friedlich), Tänzerin: Sonal Mansingh

Im weiteren Verlauf des Kampfes griffen die Dämonen Vishnu mit Tritten und Schlägen an. Dieses energische, gewalttätige Verhalten *(ārabhaṭīvṛtti)* wird durch kämpferische Bewegungs- und Ausdrucksformen dargestellt. Dem entspricht auf der Bühne eine sogenannte wahre, reine Verhaltensform *(sāttvatīvṛtti)*, deren bester Ausdruck das Spannen des Bogens ist.

Nach dem Kampf ordnet Vishnu mit einer spontanen Geste sein Haar, wodurch das anmutige Verhalten *(kaiśikīvṛtti)* entstand. Diese Verhaltensform ist schon im kosmischen Tanz Shivas enthalten, jedoch bedarf es dem ›Nāṭyaśāstra‹ zufolge der Frauen, um das Anmutige auf der Bühne zur Wirkung bringen zu können. Brahmā, so heißt es, schuf daraufhin die Apsarās, himmlische Nymphen, die zu Tänzerinnen wurden (s. Abb. 22).

Eine solche Aufteilung in Tänze, die zu Männern oder Frauen passen, findet sich auch in der Unterscheidung zwischen dem männlichen *Tāṇḍava*- und dem weiblichen *Lāsya*-Tanz wieder. Der Tanzmythologie zufolge lernte Shiva den energisch-kraftvollen Tāṇḍava-Tanz von einem gewissen Taṇḍu, dem Lehrer des ›Nāṭyaśāstra‹-Verfassers Bharata. Den anmutig-weiblichen Lāsya-Tanz hingegen, der nicht nur von Frauen, sondern auch von Männern dargeboten wird, gab Shivas Frau, Pārvatī, an Uṣā, die Göttin der Morgenröte, weiter.

In der Theorie des indischen Tanztheaters sind ferner den vier theatralischen Verhaltensformen *(vṛtti)* zwei Arten der Darstellung zugeordnet: eine naturalistische, der diesseitigen Welt zugehörige *(lokadharmī)* und eine dem traditionellen Tanztheater entsprechende *(nāṭyadharmī)*. Danach gehört allein die wahre, reine Verhaltensform *(sāttvatīvṛtti)* mit ihren stark stilisierten Gesten zu der Sphäre des Tanztheaters als einer Imitation der religiös geordneten Welt, während die übrigen Vṛttis mit ihren eher willkürlichen, spontanen Gesten und Bewegungen meist zur ersten Kategorie gezählt werden.

Die Theorie des indischen Tanztheaters unterscheidet auch rein rhythmische *(nṛtta)* von expressiven *(abhinaya)* Tänzen. Beide Arten werden in der Praxis zumeist vereint oder im steten Wechsel präsentiert, Tanztheoretiker legen jedoch großen Wert auf eine Differenzierung.

Der rhythmische *Nṛtta*-Tanz soll nicht in erster Linie mythologische oder poetische Themen übermitteln. Wie es im ›Nāṭyaśāstra‹ heißt, steht er weder in Verbindung mit dem Inhalt der gesungenen Lieder, noch deutet er einen anderen Sinn an. Er gelangt zur Aufführung, weil er der

22 *Himmlische Nymphe in Tanzhaltung, Shringar-Chouri-Tempel, Chitorghar (Rajasthan)*

natürlichen Neigung zum Tanz entstammt, wie man sie bei privaten oder religiösen Festen beobachten kann, und weil er somit einen unmittelbar verständlichen Grund zur Freude ausdrückt.

Der Nṛtta-Tanz ist jedoch nicht etwa ein inhaltsloser, gar im modernen Sinn abstrakter Tanz, vielmehr ruft er durch die bloße Schönheit von Choreographie und Ausdruck beim Zuschauer vor allem den zweiten, heiteren Gefühlszustand hervor.

Demgegenüber erzählt der expressive *Abhinaya*-Tanz poetische oder mythologische Handlungen nach und übermittelt deren Sinn. Dafür steht ihm ein vielfältiges Inventar tänzerischer und theatralischer Darstellungsmittel zur Verfügung, zu dem unter anderem ein genau festgelegtes System von Körperbewegungen gehört.

Gesten und Körperhaltungen

Das ›Nāṭyaśāstra‹ enthält eine ausführliche Analyse zur körperlichen Darstellung von Objekten, Situationen oder Gefühlen, die auf nahezu jeden Körperteil Bezug nimmt. Eindrucksvoll ist allein schon der Abschnitt über die Mimik, in dem die Bewegungen von Augen, Augenbrauen und -lidern, Nasenflügeln, Lippen, Backen und Kinn präzise systematisiert werden. Die Blicke sind beispielsweise in 36 Formen eingeteilt, unterstützt durch sieben Möglichkeiten, die Augenbrauen zu bewegen.

24 *Handgeste (hasta): überkreuzte Lotusblüten (alapadma), Tänzerin: Studentin von Rukmini Devi* ▷

23 *Handgeste (hasta): Vogel/Garuḍa, Tänzerin: Alarmel Valli*

Eine Auswahl einhändiger und beidhändiger (s. S. 56/57) Hastas nach dem Abhinayadarpaṇa-Text

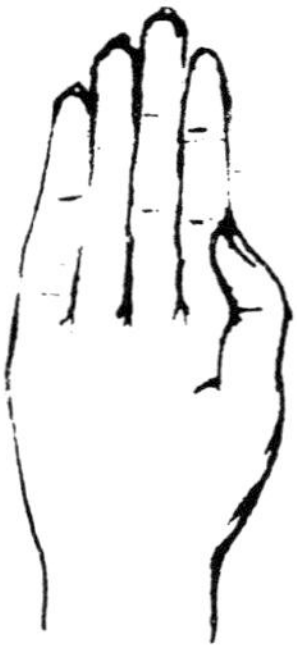

Patākā
Flagge, Fahne

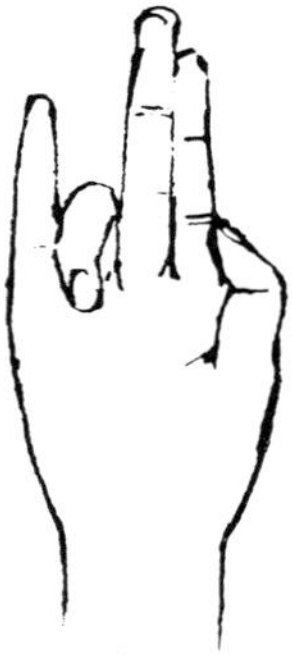

Tripatākā
Drei Flaggen

Kartarimukha
Schere

Mayūra
Pfau

Ardhacandra
Halbmond

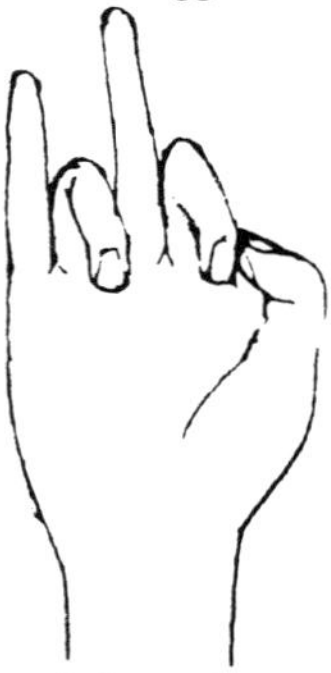

Śukatuṇḍa
Papageienschnabel

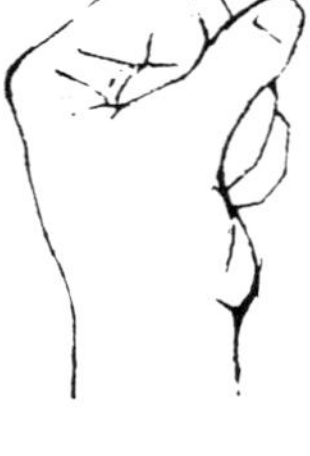

Muṣṭi
Faust

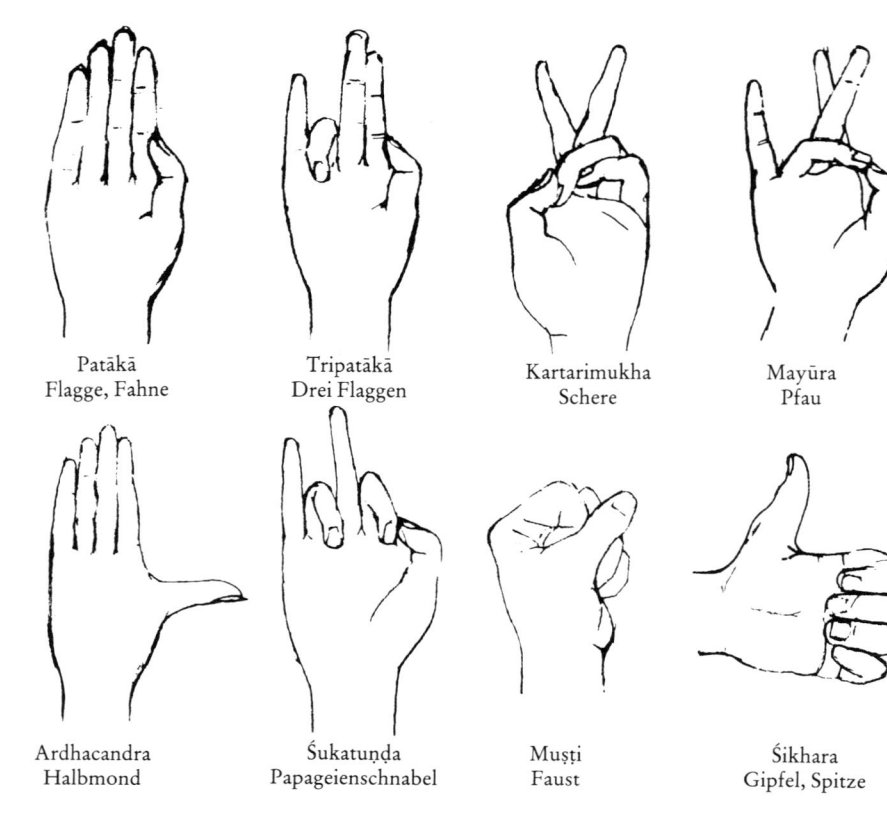

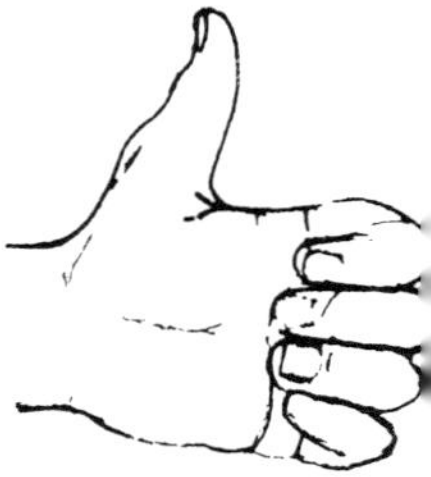

Śikhara
Gipfel, Spitze

Kaṭakamukha
Gelenk des Armbands

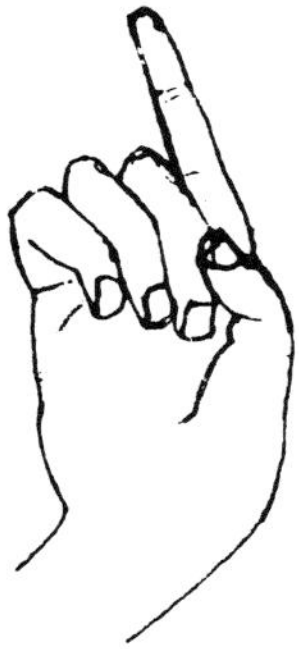

Sūci
Nadel, Stachel

Candrakāla
Mondphase

Padmakośa
Lotuskelch

Sarpaśīrṣa
Schlangenkopf

Mṛgaśīrṣa
Gazellenhaupt

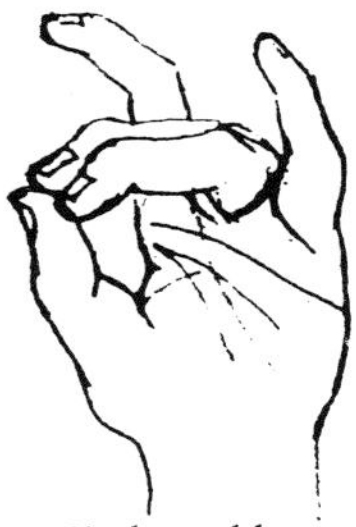

Siṃhamukha
Löwenkopf

Alapadma
Aufgeblühter Lotos

Bhramara
Biene

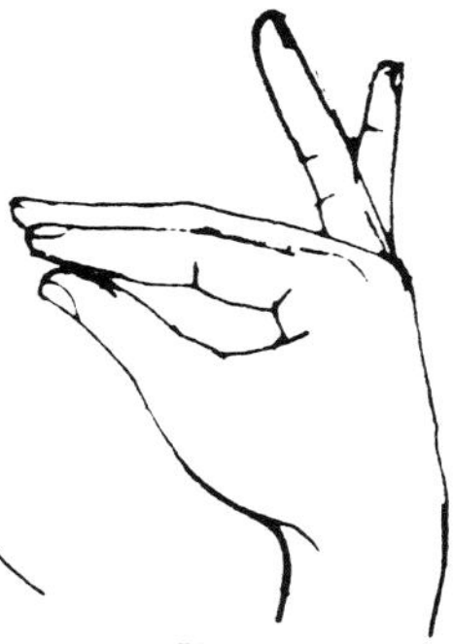

Haṃsasya
Schwanenkopf

Tāmracūḍa
Hahn

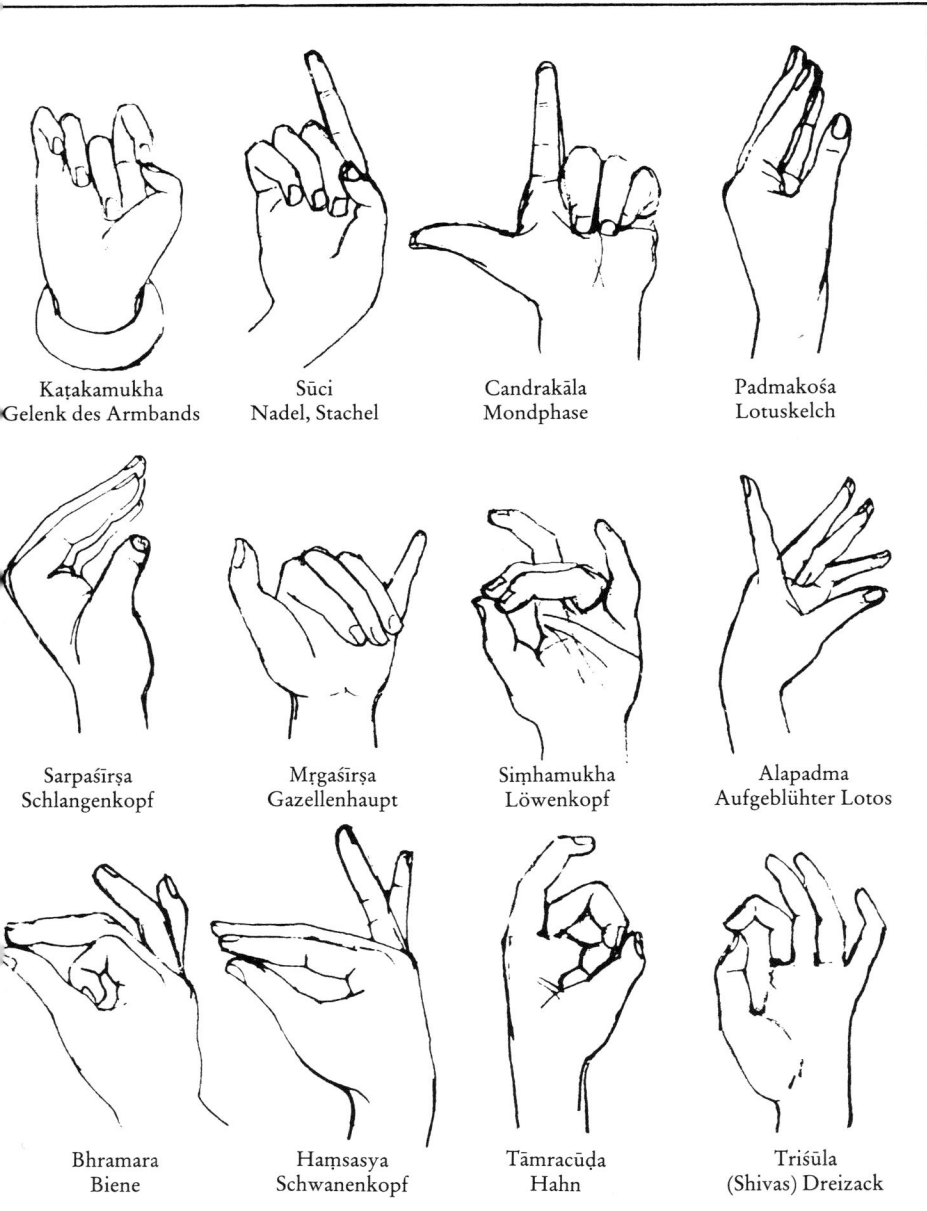

Triśūla
(Shivas) Dreizack

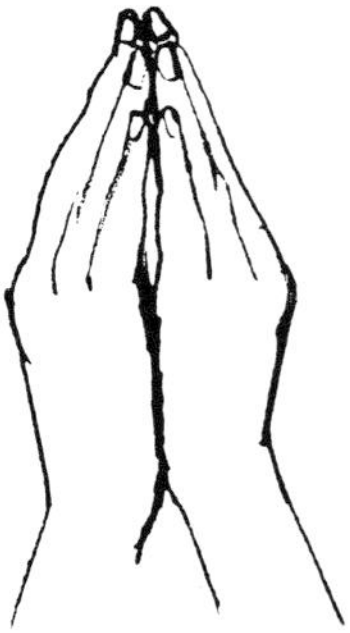

Añjali
Begrüßungsgeste

Karkaṭa
Krebs

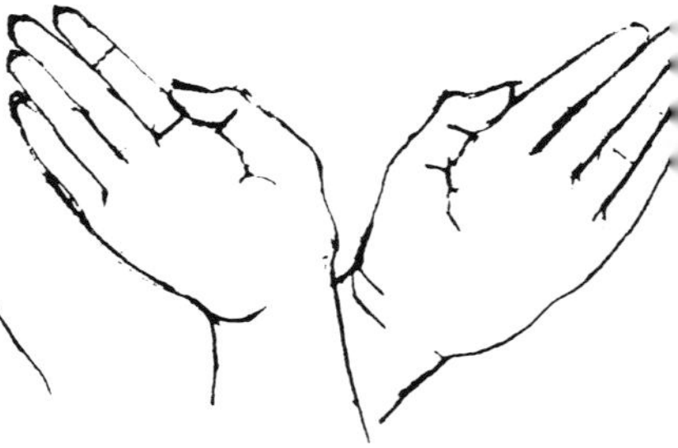

Svastikā
Glückverheißendes Kreuz

Shivaliṅga
Phallisches Zeichen und Symbol Shivas

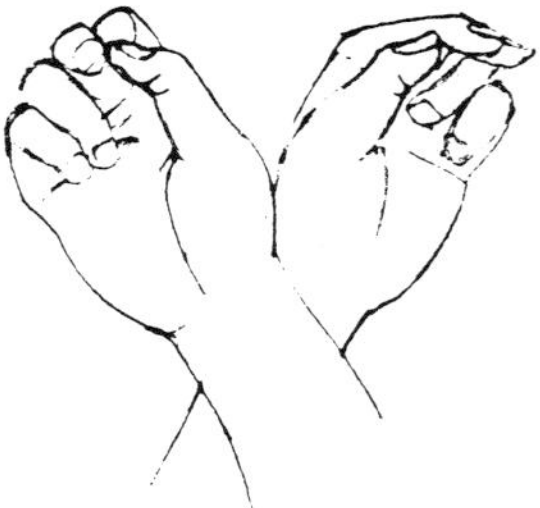

Kaṭakavardhana
Armband

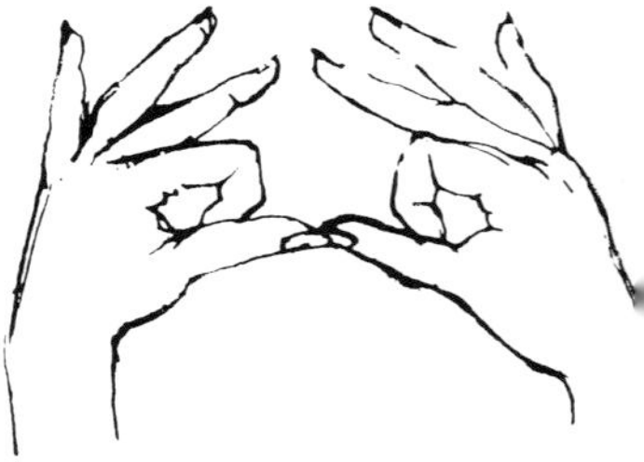

Śakaṭa
Karren, Wagen

Śaṅkha
Muschel

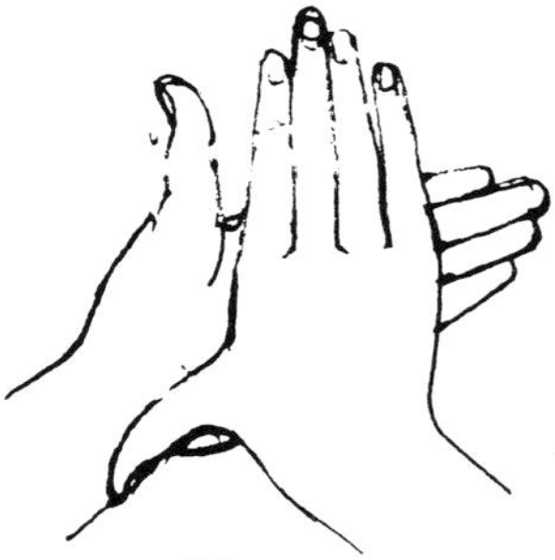

Cakra
Rad, Kreis, Diskus (auch Herrschaftssymbol)

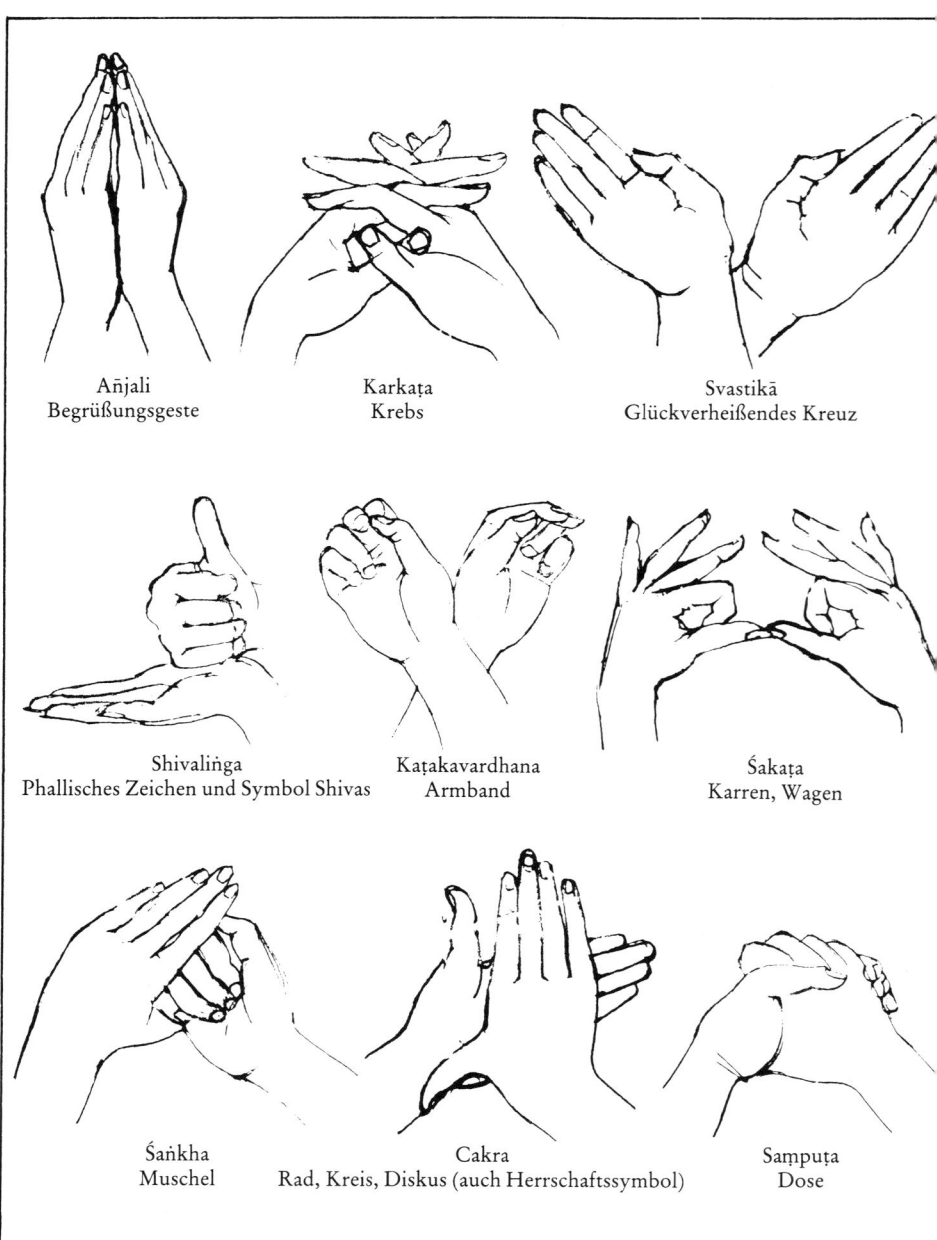

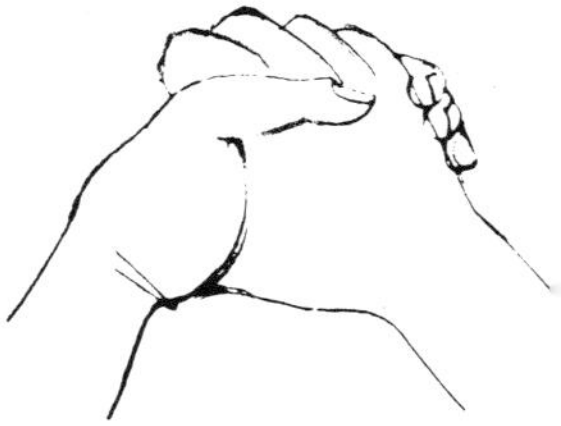

Saṃpuṭa
Dose

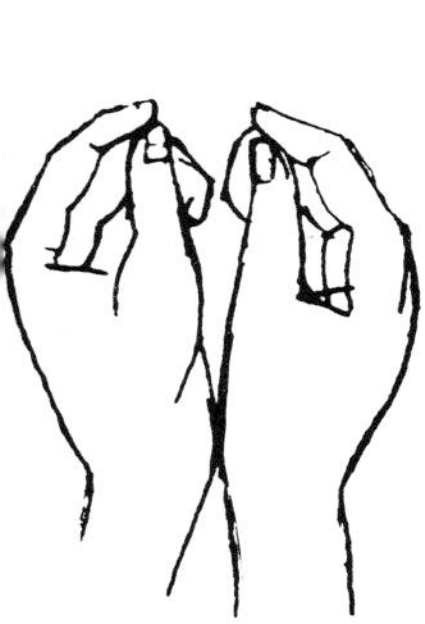

Bheruṇḍa
Papageienpaar

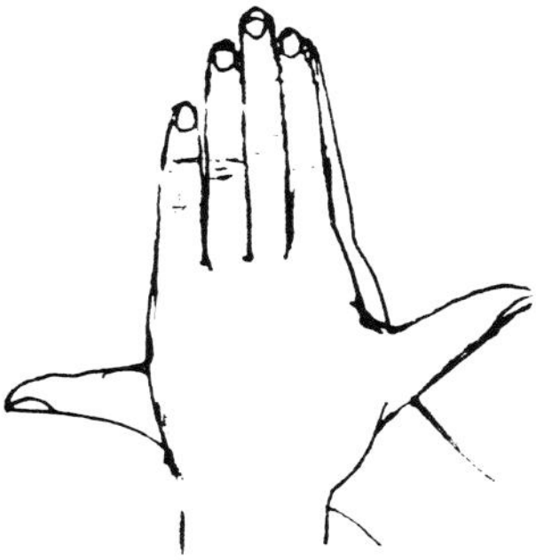

Matsya
Fisch

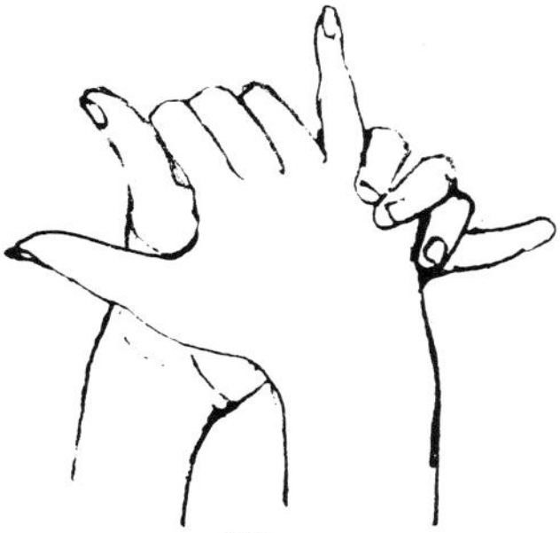

Kūrma
Schildkröte

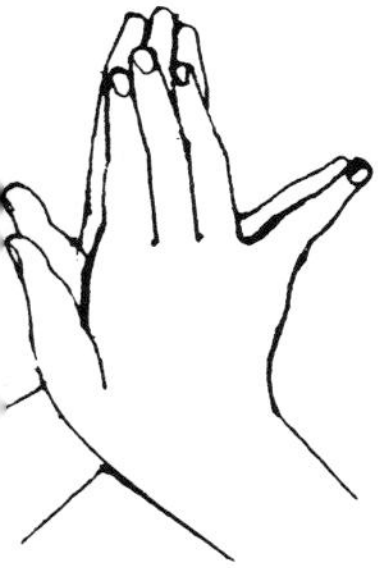

Varāha
Eber

Garuḍa
Vogel

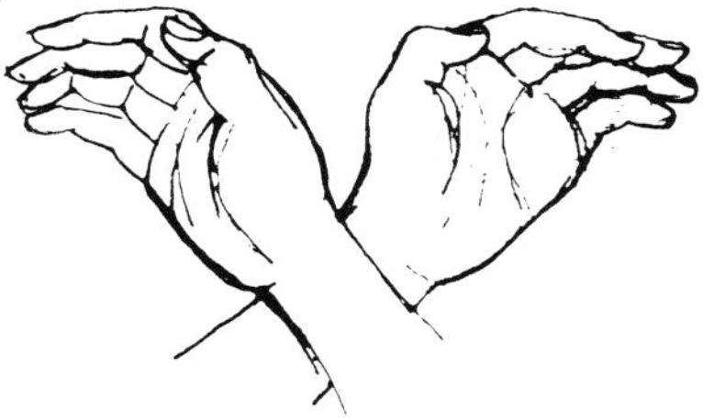

Nāgabandha
Schlangenpaar

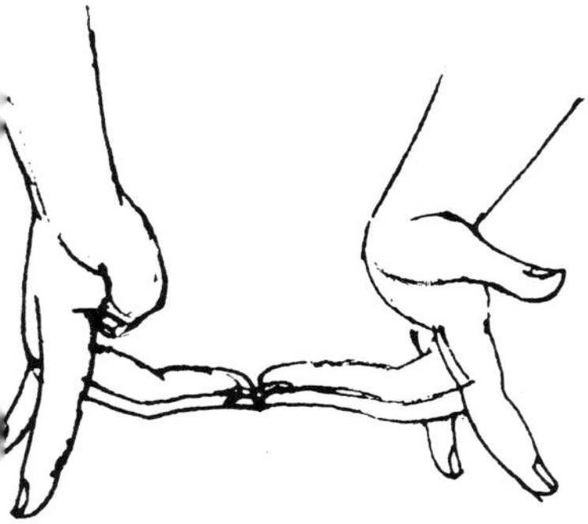

Khaṭvā
Bettstelle

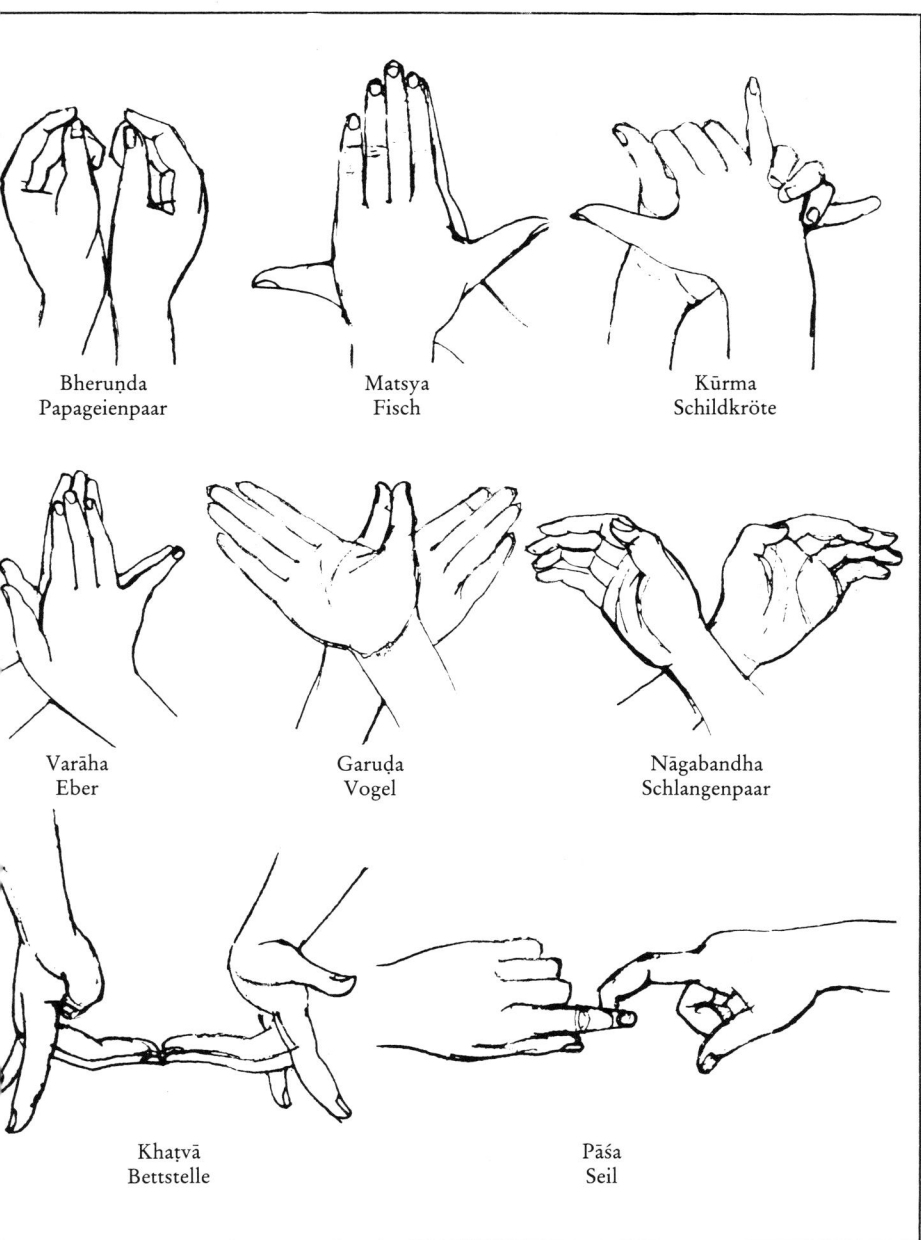

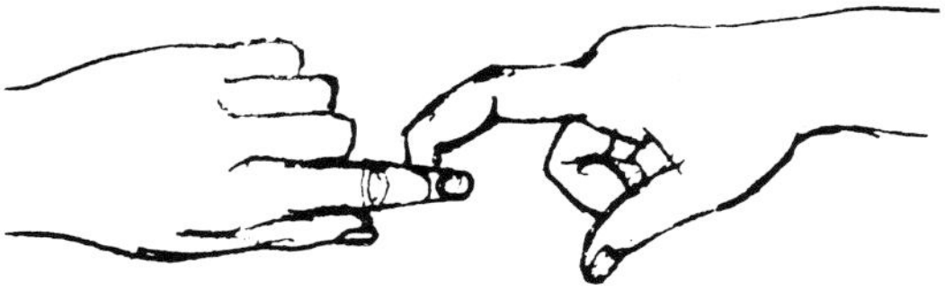

Pāśa
Seil

Desgleichen werden die Bewegungen von Kopf und Nacken, Brust und Bauch, Händen und Füßen oder Hüfte und Gesäß beschrieben. Besonders ausgeprägt ist die Symbolik der Hände und Finger; man unterscheidet 64 ein- oder beidhändige Gesten (*hasta*, s. S. 54–57), mit denen der Inhalt ganzer Mythen erzählt werden kann. Tatsächlich „unterhalten" sich Kathakali-Tänzer, die diese Handgesten und ihre Kombination bis zur Vollkommenheit beherrschen, gelegentlich mit ihren Händen.

Die wortlose Sprache der Handgesten bezeichnet sowohl konkrete Objekte wie etwa Waffen, Musikinstrumente oder Tiere (s. Abb. 23) als auch abstrakte Begriffe wie Unwissenheit, Tod oder Zukunft. Es gibt allerdings auch einige bedeutungslose Handhaltungen *(nṛtta-hasta)*. Da einzelne Gesten mehrdeutig sein können oder deren Sinn in den regionalen Tanzstilen voneinander abweicht, sind sie mitunter nur aus ihrer Reihenfolge oder dem Kontext verständlich.

Für viele, auch indische Zuschauer ist es ohnehin schwer, dieser schnell wechselnden Hand-Sprache zu folgen, zumal im Solotanz ein Tänzer häufig verschiedene Personen darstellt. Aus diesem Grunde erklären einige moderne Tänzer vor Beginn ihrer Darbietungen die wichtigsten Gesten. Wenn sie zum Beispiel den Heldengott Rāma tanzen, zeigen sie die Handgeste »Pfeil und Bogen«, wenn sie den Krishna verkörpern, seine für ihn typische Flöte. Mit derartigen Gesten, die sich vielfach auch in der reichen Ikonographie der indischen Kunst wiederfinden, assoziieren die Zuschauer charakteristische Aspekte der jeweiligen Gottheit. Zugleich rufen die Handgesten Gefühlszustände hervor, auf die im klassischen indischen Tanz so großer Wert gelegt wird. Heißt es doch in einem Vers des ›Abhinayadarpaṇa‹-Tanzbuches: ‚Wo die Hand ist, geht der Blick hin. Wo der Blick ist, da ist die Seele. Wo die Seele ist, da ist die (entsprechende) Gefühlshaltung *(bhāva)*. Wo die Gefühlshaltung ist, da stellt sich der (entsprechende) Gefühlszustand *(rasa)* ein.'

Das komplexe System der Hand- und Fingerhaltungen hat keineswegs nur theoretische Bedeutung. Auch heute noch müssen es die Tänzer für bestimmte Tanzstile ebenso beherrschen wie die 108 verschiedenen Körperhaltungen und -bewegungen (*karaṇa*, s. Abb. 25–27), welche das ›Nāṭyaśāstra‹ beschreibt und die bereits im 12. Jahrhundert am Naṭarāja-Tempel im südindischen Chidambaram vollständig in Stein gehauen wurden. Die meisten dieser Schrittfolgen, Pirouetten oder Arabesken bilden in symbolischer Form beliebte Gegenstände oder Episoden der hinduisti-

25, 26 Körperhaltungen (karaṇa): Hinweisen, Auftragen des Stirnzeichens, Tänzerin: Alarmel Valli

schen Mythologie nach. Einige sind so akrobatisch, daß es Jahre dauert, sie zu beherrschen.

Die körperlichen *(aṅgika)* Ausdrucksmittel sind der erste und bedeutendste Teil von vier tanztheatralischen Darstellungsmitteln *(abhinaya)*. Sie werden in allen Tanzstilen verwendet, wenn auch in unterschiedlichem Ausmaß: Stile wie der Manipuri (vgl. S. 164) legen stärkeren Wert auf die Mimik, andere wie der Kathak (vgl. S. 138) bevorzugen Handgesten.

Die zweite Gruppe der Abhinayas bezieht sich auf akustische *(vācika)*, vor allem gesprochene oder musikalische Mittel, eine dritte Gruppe auf die schmückende *(āhārya)* Ausstattung von Tänzern und Bühne, also vor allem auf Kostüme, Maske und Dekoration. Wie diese drei korrespondiert auch das vierte Darstellungsmittel, die wahre, reine *(sāttvika)* Ausdruckskraft des Tänzers mit den vier genannten Tanzformen *(vṛtti)*. Hierbei kommt es auf die Fähigkeit der Tänzer an, die unfreiwilligen physischen Folgen einer Gefühlshaltung *(anubhāva)* hervorrufen zu können – faszinierende Momente, auf die Kenner des indischen Tanzes wegen ihrer spontanen und doch künstlerisch geformten Gefühlsausbrüche immer wieder warten.

Musik und Musikinstrumente

Die theoretischen Grundlagen der klassischen indischen Musik entstanden im Zusammenhang mit dem Tanztheater. Das ›Nāṭyaśāstra‹ widmet auch diesem Thema zahlreiche Abschnitte, seine Bezeichnung für Musik, *saṅgīta*, schließt Gesang, expressiven Tanz und instrumentale Musik ein. Zudem gilt das ›Nāṭyaśāstra‹ als erstes literarisches Zeugnis der Musikkultur Indiens, die nicht ausschließlich auf der Liturgie der vedischen Sammlungen beruht.

Gleichwohl ist auch die klassische Musik mit dem vedischen Opfer und seinen Ausdeutungen verbunden. Aufgrund seiner magisch-religiösen Konzeption war für die Wirkung des Opfergeschehens entscheidend, daß die Wörter des Veda korrekt artikuliert und intoniert wurden. Es kam auf den Wort-Laut der heiligen Schriften an, auf eine sprachmelodische Rezi-

◁ 27 *Körperhaltung (karaṇa): Pfeil und Bogen, Tänzerin: Sonal Mansingh* tationsform, bei der sich die Stimme, ausgehend von einem Zentralton, im Umfang einer Terz heben und senken durfte. Fehler in der Rezitation konnten die Wirkung des Opferrituals zunichte machen. Aus dieser Konzeption entwickelte sich nicht nur ein genaues Wissen um phonetische und metrische Verhältnisse der Sprache, sondern auch eine Philosophie vom Klang als Schöpfungsprinzip.

Die klassische Musik Indiens, über deren Geschichte aufgrund zahlreicher alter musiktheoretischer Zeugnisse vergleichsweise viel bekannt ist, knüpft besonders in ihren monodisch-modalen und rhythmischen Aspekten an die liturgische Tradition an. Gemeinhin unterscheidet man zwei Systeme: ein nordindisches, das seit dem 14. Jahrhundert unter islamischem Einfluß stand und überwiegend an Höfen sowie, sozial gesehen, eher von niedrigstehenden Kasten gepflegt wurde. Das südindische, oft auch nach dem Bundesstaat Karnataka »kannaresisch« genannte System wurde vorwiegend von hochkastigen Brahmanen und in Tempeln gepflegt. Daneben existiert in Indien noch eine reichhaltige Volks- und Ritualmusik, in deren Mittelpunkt zumeist devotionale Lieder und Balladen zum Ruhme eines Gottes stehen. Diese Musik gilt als nicht-klassisch, da sie weder auf traditionellen Lehrbüchern *(śāstra)* noch auf den meist langjährigen Lehrer-Schüler-Beziehungen (Pers. *ustād-śāgird,* bzw. Sansk. *guru-śiṣya)* beruht und sie sich zumeist an breite Volksschichten wendet.

Demgegenüber war die klassische Musik ursprünglich eine rein esoterische Hof- oder Tempelmusik – das Publikum mußte vorgebildet sein, um die feinen Nuancen in Melodie und Rhythmus zu verstehen. Erst in jüngerer Zeit, mit der Verbreitung von Radios, Schallplatten und öffentlichen Konzerten erreicht die klassische Musik alle Bevölkerungskreise, auch über die Grenzen Indiens hinaus.

Den klassischen Systemen zufolge sollte jedes Musikstück innerhalb eines genau festgelegten Rahmens von melodischen und rhythmischen Mustern eine bestimmte Stimmung vermitteln. Auch wenn die klassische Musik diese Muster in Notenschrift festhält, so bleibt doch der Improvisation dabei genügend Raum überlassen.

Die Melodik ruht auf einem Grundton, der häufig während der gesamten Spieldauer auf einem langhalsigen viersaitigen Zupfinstrument, der *Tamburā,* erzeugt wird. Der Resonanzkörper dieses Instruments besteht wie bei dem *Sitār* aus einer Kalebasse. Die Saiten sind in dem Grundton,

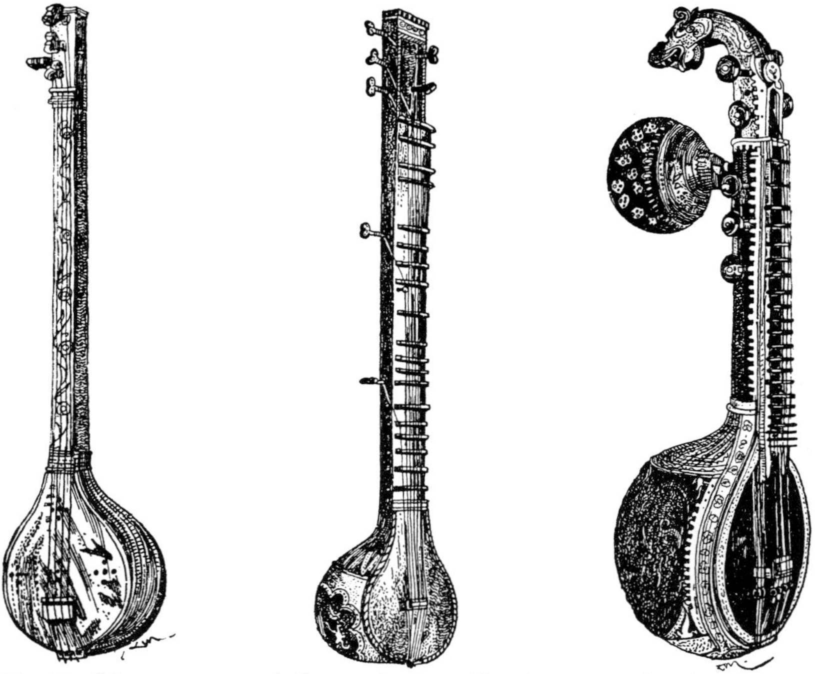

28 Musikinstrumente nach Rāgamāla-Gemälden des Prince of Wales Museum, Bombay: Tamburā, Sitār und Vīnā

dessen Oktave sowie der Quinte und deren Oktave gestimmt, wodurch ein monotoner Klanghintergrund erzeugt wird, der den anderen Musikern das Spielen auch kleinster Intervalle ermöglicht.

Über diesen Grundakkord erheben sich die *Rāgas,* modale Klangformen, die jeweils einen bestimmten Gefühlslaut besitzen. Ein Rāga besteht aus einer meist heptatonischen Tonleiter, von deren zwei Haupttönen aus feststehende melodische Figuren nebst Verzierungen und Improvisation beginnen und enden. Die auf- und absteigenden Töne der Tonskala werden heutzutage in 22 ungleiche »hörbare« Intervalle *(śruti)* eingeteilt, denen, wie auch den Haupttönen selbst ein genau beschriebener Gefühlswert entspricht.

So macht die Gesamtheit der erlaubten Intervalle innerhalb einer Tonleiter und ihre Beziehung zu den Haupttönen die spezifische Stimmung eines Rāga aus, wie sie auch in Gemälden und Geschichten ausgedrückt werden kann, wenn diesem Rāga Motive und Farben oder die (Ton-) Qualität der Wörter gleichen.

Entsprechend ihres Gefühlswertes werden die Rāgas in männlich-geschlossene und weiblich-kontrastreichere Modi eingeteilt sowie bestimmten Tages- oder Jahreszeiten zugeordnet. Der Rāga namens Megha Mallār etwa gilt für die Regenzeit, was jedoch nicht bedeutet, daß er nur während des Monsuns gespielt werden darf. Entscheidend ist, daß sich der Interpret in die Stimmung dieses Rāga versetzt, von dem es in einem Gedicht eines musiktheoretischen Textes heißt, daß ihn die nach Regen lechzenden *Cātaka*-Vögel »trinken« wollen, sobald sie ihn hören. Einem Mythos zufolge entstand dieser Rāga, als einst der Palast des Königs Akbar brannte und ein Mädchen den Meghar Mallār sang, bis Regenfluten das Feuer löschten.

29, 30 Musikinstrumente nach Rāgamāla-Gemälden des Prince of Wales Museum, Bombay: Sāvindā, Sāraṅgī, Shahnā'ī, Nāgasvara, Mṛdaṅga, Bāyā und Tablā ▷

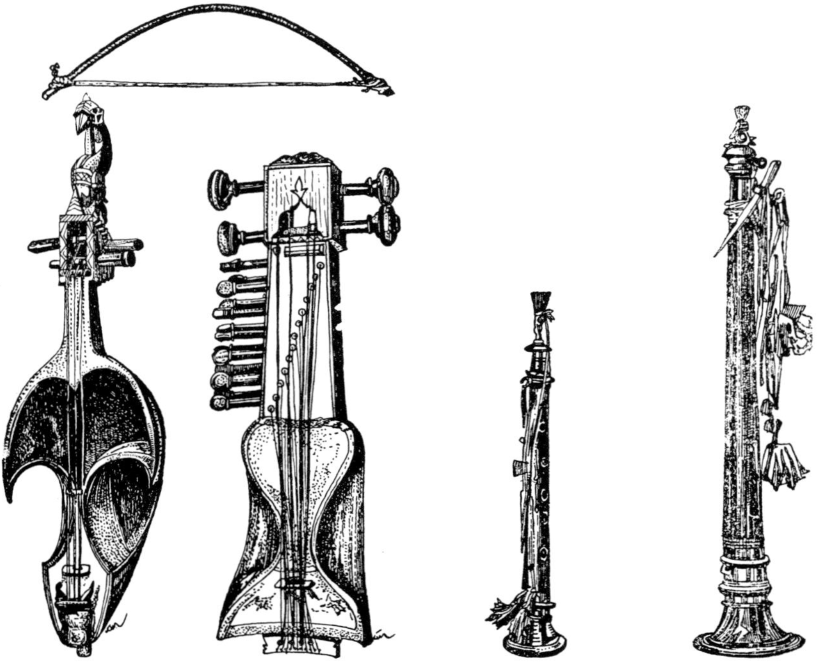

Die Melodik der Rāgas ist im wesentlichen monodisch-modal, polyphone Elemente und Harmonien treten seltener auf. Die melodische Vielfalt ergibt sich hauptsächlich aus der Struktur der Rāgas sowie aus der Dynamik der Improvisationen und Verzierungen.

Die Melodien werden entweder gesungen oder auf Saiten- beziehungsweise Blasinstrumenten – manchmal begleitet von Streichinstrumenten – vorgetragen. Zu den bekanntesten Saiteninstrumenten zählt der *Sitār* mit langem Hals, einem Resonanzkörper aus Kalebasse, vier Saiten über meist neun beweglichen Bünden und bis zu 20 unterhalb der Bünde verlaufenden Resonanzsaiten.

Wie bei dem Sitār werden auch die vier Melodie- und drei Bordunsaiten der *Vīnā* mit einem oder zwei Plektren angerissen. Die äußerst beliebte Vīnā, von der zahlreiche Varianten existieren, besitzt in der Regel zwei halbkugelige Resonanzkörper aus Holz oder Kalebasse und 22 Bünde auf einer langen, mitschwingenden Bambusröhre. Demgegenüber hat der *Sarod,* eine klangvolle, geigenförmige Kurzhalslaute, ein glattes Griffbrett und vier bis sechs Melodie- sowie elf bis zwölf Resonanzsaiten.

Zu den wichtigsten Streichinstrumenten zählt die *Sāraṅgī,* die vielfach als »indische Geige« bezeichnet wird und in der Tat heutzutage nicht

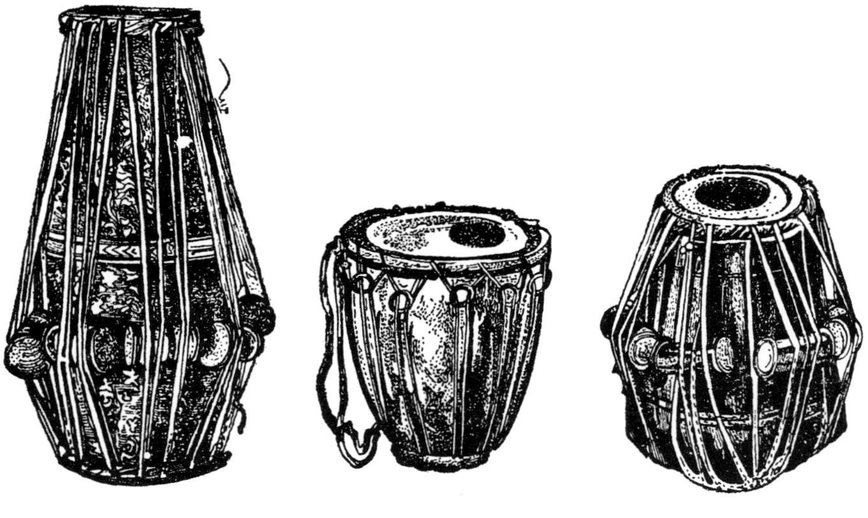

selten durch eine Violine in gleicher Stimmung ersetzt wird. In ihrer alten Form weist sie drei bis vier Spielsaiten und meist 13, mitunter aber bis zu 35 Resonanzsaiten auf. Die Sāraṅgī wird wie die ähnliche *Sāvindā* häufig als Begleitung von Vokalmusik eingesetzt.

Von den Blasinstrumenten finden vor allem verschiedene aus Bambusrohr, Silber oder Kupfer gefertigte Quer- und Schnabelflöten Verwendung. Aber auch die grell klingende Schalmei (Pers. *shahnā'ī*), eine Art Oboe mit einem erweiterten, hölzernen Schallrohr, sieben Grifflöchern und Doppelrohrblättern, ist oft zu hören.

Naturgemäß ist der Rhythmus der indischen Musik für den Tanz von besonderer Bedeutung. So wurde seit Jahrhunderten neben dem modalen System auch der Rhythmus von einheimischen Musiktheoretikern präzise analysiert – nicht zuletzt, da er aus der für die Rezitation der heiligen Schriften so wichtigen Metrik abgeleitet ist.

Der zentrale Begriff der musikalischen Zeitmessungen ist *Tāla,* ein immer wiederkehrendes rhythmisches Schema, das aus gleich langen Zähleinheiten und unterschiedlichen Takttypen besteht, die durch meist deutlich hörbare Taktschläge eingeleitet werden. So besteht der in der nordindischen Musik beliebte *Tīntāla* (Drei-Tāla) aus 16 gleich langen Zähleinheiten, unterteilt in vier symmetrische Abschnitte, deren jeweils erste Zähleinheit durch einen Taktschlag markiert ist. Allerdings gilt die erste Einheit der dritten Periode als stummer Taktschlag, so daß sich ein Tāla aus drei (Hind. *tīn*) akzentuierten Taktschlägen ergibt.

Die Einheiten eines Tāla sind jedoch nicht immer gleich lang und symmetrisch. Der in der südindischen Musik verwendete Tāla namens *Jhampā* ist zum Beispiel in seiner traditionellen Form in drei Abschnitte unterteilt, von denen der erste sieben Zähleinheiten besitzt, der zweite eine und der dritte zwei hat. Davon wiederum sind nur die jeweils ersten Zähleinheiten akzentuiert.

Derartige rhythmische Grundmuster kann man allerdings nur selten in ihrer reinen Form heraushören. So sind die Zähleinheiten ihrerseits mit kunstvollen Verzierungen und Variationen versehen, die teils in einer speziellen rhythmischen Notation festgehalten werden, teils der Improvisation des Interpreten überlassen bleiben. Trotz aller rhythmischen Freiheiten innerhalb eines Tāla müssen jedoch die Musiker eines Ensembles ebenso wie die Tänzer auf den ersten Schlag eines Tāla zusammenkommen.

Die Zähleinheiten und akzentuierten Taktschläge mißt man meist durch Handbewegungen: ein akzentuierter Schlag durch ein vernehmbares Klatschen, die stummen Einheiten durch eine Seitenbewegung der Hand und durch Abzählen an den Fingern einer Hand. Dabei ist das rhythmische Muster eines Tāla den Künstlern so geläufig, daß sie diese auch in der einheimischen Musiktheorie verwendete Zählweise nicht als Hilfsmittel, sondern als bewußte Interpretationsform einsetzen.

Theoretisch existieren mehrere hundert verschiedene Tālas, von denen jeder einzelne einen teilweise den Rāgas verwandten Gefühlswert besitzt. In der Praxis findet jedoch nur ein Bruchteil der möglichen Tālas Anwendung, wobei langsame sowie doppelt und viermal so schnelle Tempi gewählt werden können, deren Grundeinheit gleich einem möglichst raschen, fünfmaligen Blinzeln mit den Augenlidern gezählt wird.

Die rhythmischen Muster und ihre Variationen werden mittels Lautsilben erlernt, die verschiedene Trommelschläge bezeichnen. Ob die Trommel mit der Fingerkuppe, mit der rechten oder linken Handfläche, mit einem oder zwei Fingern beziehungsweise Händen geschlagen wird, ob auf der Mitte des Trommelfells oder am Rand, alle Spielweisen besitzen silbische Namen, so daß ein Trommler nicht nur komplizierteste Musik-

31 Sucheta beim Anlegen der Fußglöckchen

stücke ohne sein Instrument memorieren, sondern buchstäblich auch aufsagen kann.

In der klassischen Tanztradition des Bharata Natyam geht man davon aus, daß die Lautsilben aus den verschiedenen Geräuschen entstanden, die der Tänzer mit den Fußschellen bei jedem Schritt erzeugt. Tatsächlich bedienen sich die Tänzer und Tänzerinnen eines verwandten Inventars von Lautsilben, um die Fußbewegungen zu kennzeichnen und zu erlernen. Somit ergibt sich beim Tanz ein dreifacher, miteinander korrespondierender Rhythmus, erzeugt durch die Trommel(n), skandierte Lautsilben sowie die Fußarbeit.

Von den zahlreichen Schlaginstrumenten sind besonders die *Tablā* und der *Mṛdaṅga* zu nennen. Die Tablā, ein einfelliges Trommelpaar, besteht aus einer zylindrischen, hölzernen Trommel – der eigentlichen Tablā – für die rechte und einer kleinen halbkugelförmigen, meist aus Messing hergestellten Pauke (Hind. *bāyā*) für die linke Hand. Zwischen den mit Lederriemen am Klangkörper befestigten Fellen beider Trommeln sind die beweglichen Holzpflöcke zum Stimmen des Instruments eingeschoben. In der Mitte der Trommeln befindet sich eine Stimmpasta, die aus einem Linsen- und Mehlgranulat hergestellt und zur Klangvariation eingesetzt wird. Der Mṛdaṅga, eine lang-zylindrische, hölzerne Doppelkonustrommel, findet bevorzugt in der südindischen Musik Verwendung. Er wird in mehreren Variationen hergestellt, und ebenso vielfältig sind seine lokalen Namen.

Neben Trommeln dienen Becken und Glocken zur Markierung rhythmischer Muster. Zudem sind die Tänzer und Tänzerinnen fast immer mit zahlreichen, bei den Körperbewegungen mitklingenden Glöckchen, Schellen oder Rasseln ausgestattet, die sie teilweise in der Hand halten, meist jedoch an den Hand- beziehungsweise Fußgelenken oder den Kostümen tragen (s. Abb. 31).

Kostüme, Masken und Dekorationen

Die dritte Gruppe tanztheatralischer Darstellungsmittel *(abhinaya)* bezieht sich auf die dekorative *(āhārya)* Ausstattung, die sämtliche

32 Rāma im ›Rāmlīlā‹-Epos in Benares ▷

Aspekte der Kostüme und Masken, der Bühnenbilder und Requisiten umfaßt. Hierbei kommt besonders eine spezielle Farbsymbolik zum Tragen: Weiß etwa ist die Farbe der Reinheit und religiösen Wahrheit. Dementsprechend häufig werden die »Guten« eines Theaterstücks in weiße Kostüme gekleidet oder weiß geschminkt. Die »Bösen« hingegen tragen eher dunkle, oft schwarze Gewänder oder Masken, für Asketen werden gelblich bis rote Farbtöne bevorzugt.

In den meisten klassischen Tanzstilen sind jedoch Grundfarben zur Typisierung der Charaktere kaum auszumachen. So tragen die Darsteller statt dessen bunte und reich verzierte Kostüme, nicht selten überladen mit allerlei Schmuck und anderen dekorativen Accessoires wie Federn oder Blumen.

Die weiblichen Figuren, die auch von Männern dargestellt werden können, sind meist in ein seidenes, bis zu 9 m langes und etwa 1 m breites Tuch, den *Sari,* gehüllt, das wie bauschige Pantalons um die Hüfte, zwischen die Beine und über eine oder beide Schultern gewickelt wird. Der vordere Teil des Sari ist oft in Falten gelegt, die sich fächerartig bei Spreizbewegungen öffnen. Als Oberteil dient eine eng anliegende kurzärmelige Bluse in passenden Farben.

Den sicheren Halt des Sari gewährleisten unter anderem ein kostbarer, häufig mit Edelsteinen besetzter Hüftgürtel sowie mehrere Spangen und Klammern. Bei Männerfiguren reicht die Palette der Kostüme von einem

33 Fußhaltung (pāda): Svastikā, Tänzerin: Sucheta

34 Tanz vor der Öllampe, Szene aus dem Kathakali

schlichten Hüftwickel bei freiem Oberkörper bis zu schweren, üppig ausgestatteten und farbenfrohen Kleidern.

Auch in der Gesichts- und Körperbemalung können die Farben und Muster voller Symbolik sein. Im Kathakali etwa ist das Make-up besonders ausgeprägt: Die Darsteller werden während eines stundenlangen Rituals in denkbar aufwendiger Form geschminkt (s. Farbabb. 7). Zu den unverzichtbaren Details des Make-up gehört die Verlängerung der Augen und Augenbrauen mit schwarzer Schminke. Bei Frauen (-figuren) sind zudem die Lippen angemalt, und es wird ein roter, dekorativer Punkt auf die Stirnmitte gesetzt. Außerdem sind oftmals Fuß- und Fingernägel lakkiert oder die Fußsohlen und -zehen mit roter Farbe bemalt (s. Abb. 33). Es heißt, sie ähneln dann den Spitzen der Blütenblätter des roten, glückverheißenden Lotus. In einigen Tanzstilen wie etwa dem Bharata Natyam werden auch die Handflächen mit kunstvollen rötlichen Mustern versehen.

Die aus Holz geschnitzten oder aus Pappmaché hergestellten Masken, die allerdings nicht in allen Tanzstilen Verwendung finden, sind in der Regel bunt verziert. Mitunter erreichen sie eindrucksvolle Ausmaße (s. Farbabb. 6, 8, 9–13, Abb. 48, 49) wie etwa die Maske des zehnköpfigen Dämonen Rāvaṇa im Kathakali.

Schmuck hingegen tragen alle Tänzer und Tänzerinnen: silberne oder gar goldene Ringe und Ketten an Händen, Armen und Beinen, um die Füße, die Hüfte, im Haar, an den Ohren und den Kostümen. Hinzu kommen, besonders bei Frauen, Blumengebinde oder Federn als Kopfschmuck.

Die Bühnendekoration und Requisiten fallen allerdings meist spärlich aus, nicht zuletzt, da das traditionelle Tanztheater kaum feste Podien kannte, sondern häufig an wechselnden Orten seine Künste darbot. Die verschiedenen Szenerien werden auch heute noch mit wenigen stilisierten Gegenständen angedeutet, selbst wenn man längst auf modernen Bühnen

35 Handgeste (hasta): Flöte, Tänzerin: Alarmel Valli

oder in westlichen Theaterhäusern tanzt. Verändert sich etwa der Ort der Handlung, so wird dies durch Bewegungen von einer Bühnenseite zur anderen oder einige Requisiten angezeigt, nicht jedoch durch einen Wechsel des Bühnenaufbaus.

Bei manchen Tanzstilen verwendet man aus dramaturgischen Gründen einen Bühnenvorhang (s. Farbabb. 9), der oft nur aus einem von Helfern gehaltenen Tuch besteht. Zudem ist beispielsweise im Yakshagana-Stil abseits der Bühne mit Planen eine Garderobe abgesteckt, in der sich die Darsteller nicht nur kostümieren und schminken, sondern auch rituell auf die Aufführungen vorbereiten.

Die Bühne besteht zumeist aus einer eigens markierten Fläche des Bodens oder aus einem leicht erhöhten Podest. Dabei kommt der Mitte dieser Tanzfläche eine besondere Bedeutung zu: Sie gilt als heiliger Punkt, gewissermaßen als ruhender Pol einer göttlichen Balance, an dem die Bewegungen beginnen und nach jedem tänzerischen und musikalischen Zyklus enden.

Da die Bühne die heilige Arena der im Tanz repräsentierten Götter darstellt, wird sie vor den Aufführungen mit Wasser, Blumen, Weihrauch und Zinnober geweiht (s. Abb. 36). An den Ecken sind häufig mit Mango- oder Bananenblättern und Blüten geschmückte Pfosten angebracht, an die ein Stoffdach oder Baldachin gebunden wird.

Häufig brennen auch heilige Öllampen, die während der Darbietungen wiederholt verehrt werden, an den Seiten der Bühne (s. Abb. 34). Bei nächtlichen Aufführungen wird das Podium entweder mit zischenden hellen Kerosinlampen oder, wenn möglich, elektrisch beleuchtet.

Da im klassischen Tanztheater vieles mit den Händen und symbolischen Gesten ausgedrückt werden kann, benutzen die Tänzer nur selten Gegenstände, die ihre Rollen verdeutlichen – es bedarf eben nicht einer wirklichen Flöte Krishnas, wenn das bekannteste seiner Attribute auch durch eine Hand- und Fingerhaltung ausgedrückt werden kann (s. Abb. 35). In manchen Tanzstilen mit kriegerischen Themen finden allerdings Waffen – vornehmlich Speere und Schilde sowie verschiedene Banner – Verwendung.

Zu den drei genannten tanztheatralischen Darstellungsmitteln – den körperlichen, akustischen und dekorativen – kommt ein viertes, das in der klassischen Tanztradition gleichzeitig als wichtigstes gilt: die wahren, reinen *(sāttvika)* Mittel. Gemeint sind die unfreiwilligen physischen

Reaktionen von Stimmungen, die mit den psychischen Folgen einer Gefühlshaltung (den *anubhāvas*) korrespondieren.

Diese Reaktionen stellen sich jedoch nicht nur dann ein, wenn man die genannten tanztheatralischen Darstellungsmittel anwendet, sie erfordern zusätzlich eine große innere Beteiligung der Tänzer. Zur Beherrschung der vorgeschriebenen Stimmungen bedarf es nicht nur eines Trainings seitens der Tänzer, sondern auch Talent, Intuition und individueller Ausstrahlung.

Ausbildung und Training

Obwohl sich die Ausbildung für die einzelnen Tanzstile unterscheidet, existieren traditionelle Gemeinsamkeiten. So wird ein großer Teil der Tanzkunst in einem privaten Lehrer-Schüler-Verhältnis vermittelt. Auch heute noch lassen diese Tanz-Gurus, wie sie nach dem Vorbild der religiösen Lehrer genannt werden, bisweilen nur Angehörige bestimmter Kasten zum Unterricht zu. Ursprünglich gaben auch die Tempeltänzerinnen ihr Können nur an ihre Töchter oder ihnen anvertraute Mädchen weiter. Heutzutage steigt jedoch die Zahl öffentlicher oder privater Tanzschulen, die im Prinzip allen Bevölkerungsgruppen offenstehen.

Die langjährige Ausbildung umfaßt oft nicht nur die Beherrschung von Körperbewegungen, sondern auch Musikunterricht sowie das Studium von Mythen, Gedichten und Liedern. Das Training beginnt meist schon im Kindesalter, wenn die Gliedmaßen noch so beweglich sind, daß die zum Teil akrobatischen Bewegungen und Verrenkungen bestimmter Tanzstile leichter eingeübt werden können (s. Abb. 37).

Am Anfang einer Tanzausbildung steht häufig eine förmliche Initiation. So werden Knaben, die den Kuchipudi-Tanzstil erlernen, zu einem Tempel geführt, wo sie während eines Rituals unter anderem die Tanzsilben *ta tai-tai tat tam* aussprechen müssen.

Das Körpertraining wird zumeist in den kühleren Morgen- oder Abendstunden durchgeführt. Wie anstrengend diese Exerzitien sein können, verdeutlicht der Kathakali-Tanzstil: Noch in der Dunkelheit übt der

◁ 36 *Raṅgapūjā: Verehrung der Bühne vor Aufführungsbeginn, Tänzerin: Sonal Mansingh*

Schüler vor einer Öllampe zwei Stunden lang zunächst nur die Mimik, vor allem die verschiedenen Bewegungen von Augen, Augenbrauen und Lidern. Dann wird der Körper durch Streckübungen aufgewärmt; anschließend massiert der Lehrer den schwitzenden Schüler mit Öl. Nach dem Frühstück folgt bis zum Mittag das Training der einzelnen Hand- und Fingergesten sowie des rhythmischen Tanzes. Der Nachmittag ist dem Studium komplexer Schrittkombinationen sowie dem Zusammenwirken von Tanz und Musik vorbehalten. Abends lehrt der Meister den mythologischen Hintergrund der Tanzstücke. Im Verlauf der zehnjährigen Ausbildung lernen die Schüler immer schwierigere Rollen und Tanzpartien, so daß sie schließlich das ganze Repertoire des Kathakali auswendig beherrschen.

Bei Tanzstilen, in denen Lautsilben für die einzelnen Schritte und Bewegungen verwendet werden, demonstriert der Lehrer oder ein fortgeschrittener Schüler zunächst jede Geste, Haltung oder Schrittfolge, die der Schüler dann bis zur Perfektion nachahmt (s. Farbabb. 18–21, Abb.

37 Tanzausbildung in der Bharata Natyam Art Academi (Madras): Grundposition (ardhamaṇḍalī)

38). Erst im späteren Verlauf der Ausbildung ruft der Meister dem Schüler beliebige Silben zu, die dieser in die entsprechende Körperbewegung umsetzen muß.

Die Ausbildung endet bei vielen Tanzstilen mit einer öffentlichen Aufführung. Das Studium der Yakshagana-Tänze etwa schließt mit einer Zeremonie ab, die »Der mit Blumen geschmückte Stock« (Kann. *huvina kolu*) heißt. Während des Navarātri-Festes am Ende der Regenzeit gehen Lehrer und Schüler zu Tempeln und Privathäusern, um ihre Künste vorzuführen. Dabei sitzen die Schüler – vor jedem ist ein blumengeschmückter Stock in die Erde gesteckt – in einer Reihe auf dem Boden. Während der Lehrer Lieder aus kleinen Epen *(prasaṅga)* singt, rezitieren die Jungen traditionelle Verse, zu denen sie aber nur kurz tanzen.

38 Tanzausbildung in der Bharata Natyam Art Academi (Madras): Pfau-Handhaltung (mayūra)

Die regionalen Stile des klassischen Tanzes

Einleitung

Das klassische indische Tanztheater spricht in seiner modernen Form sehr unterschiedliche Bevölkerungsschichten an. Die in der gelehrten Sanskritsprache vorgetragenen Texte und Lieder erbauen die Hochgebildeten, die kunstreichen Varianten des Tanzes die Kenner. Demgegenüber richten sich viele in den Volkssprachen vorgetragene Dialoge und eingängige Melodien eher nach dem Geschmack der einfachen Bevölkerung. Auch wenn nicht immer alle Zuschauer die Feinheiten des Tanzes, der Musik und der Sprache verstehen, so sind doch die Geschichte, der Mythos oder das Thema eines Tanzstückes den meisten vertraut.

Ein Grund für die Vielfalt des klassischen Tanzes liegt darin, daß einst die meisten Tanzgruppen ihre Künste sowohl vor einem größeren Publikum, etwa bei Tempelfesten, als auch vor einem kleineren höfischen Kreis anspruchsvoller Kenner darboten. Fast immer waren die Tänzer und Zuschauer in der Tradition und Kultur des jeweiligen Tanzstils verwurzelt.

Heutzutage hat sich dies zumindest teilweise geändert, da professionelle Tanzgruppen auch in öffentlichen Theaterhäusern und vor einem städtischen Publikum auftreten, das vielfach nicht mehr mit den lokalen Besonderheiten und Anspielungen der Stücke vertraut ist. Die Zuschauer in den Städten sind weniger stark an der Darbietung beteiligt als etwa ein dörfliches Publikum, das vor seinem Tempel einer Tanzaufführung beiwohnt. Dementsprechend haben sich auch die Erwartungen geändert: Ein städtisches Publikum verlangt eher allgemeine, bekannte Stoffe, während man in den Dörfern gerade den lokalen Göttern und Helden viel Applaus schenkt.

Hinzu kommt ein unterschiedliches Maß emotionaler Anteilnahme. Im Dorf sind die Zuschauer oft selbst am szenischen Geschehen beteiligt, erfreuen sich lautstark an den zahlreichen komischen Figuren, die bisweilen in das Publikum springen und Einzelne mit witzigen Bemerkungen ansprechen. Auch scheut man sich auf dem Lande nicht, den Bösewicht auszubuhen oder den Helden zu bejubeln und anzuspornen. Ein städtisches Publikum hingegen hält sich meist zurück und genießt eher die Solostücke als die volkstümlicheren Tanzdramen.

Die unterschiedlichen Publikumserwartungen veränderten das moderne Tanztheater erheblich. Während man früher stärkeren Wert auf die Mimik legte, in der sich die emotionale Tiefe des Akteurs besonders deutlich ausdrückte, werden heute dramatische, spektakuläre und akrobatische Stücke bevorzugt, nicht zuletzt, weil in den großen Theatern die Zuschauer in den hinteren Reihen zu weit entfernt von der Bühne sitzen, um die Nuancen der Darstellung zu erkennen.

Das für die hierarchische Gesellschaft Indiens keineswegs selbstverständliche Bestreben des klassischen Tanztheaters, fast alle Bevölkerungsgruppen anzusprechen, führte schon im ›Nāṭyaśāstra‹ zu Einschränkungen der Themenvielfalt. So betont dieser Text ausdrücklich, daß Szenen vermieden werden sollten, die Kinder oder alte Menschen schockieren könnten. Tod, Gewalttätigkeit, Geschlechtsverkehr oder körperliches Unwohlsein wie etwa Erbrechen sollten nur mit äußerst sparsamen Mitteln angedeutet werden. Während einige Tanzstile wie etwa Bharata Natyam, Odissi oder Bhagavatamela sich streng an diese traditionellen Vorschriften halten, werden heutzutage in anderen Stilrichtungen wie etwa dem Kathakali durchaus offene Gewalt- oder Todesszenen dargeboten.

Einen nicht zu unterschätzenden Einfluß hat hierbei die indische Filmindustrie, die größte der Welt, die jährlich viele Streifen nach mythologischen Vorlagen produziert. In diesen Filmen nehmen traditionelle, häufig jedoch in einen westlich-urbanen Kontext verlagerte Liebesszenen breiten Raum ein. Nach Art alter Hollywood-Ware werden solche Episoden immer wieder mit Liedern und Tänzen ausgeschmückt. Küsse, ganz zu schweigen von freizügigen Liebesszenen, unterliegen einer strengen Zensur, hingegen dürfen brutale Gewalttätigkeiten vergleichsweise problemlos gezeigt werden.

Auch im modernen indischen Tanz begegnet man der Darstellung von Liebe mit puritanischen Vorbehalten. Nicht zuletzt ist dies auf die ›anrüchigen‹ Tempeltänzerinnen zurückzuführen, die ja beinahe den Untergang des klassischen indischen Tanzes bewirkt hatten. So ist es verständlich, daß man gerade bei diesen Themen besondere Vorsicht walten läßt.

Aber auch in anderen Bereichen hält die Tanzkultur Indiens an traditionellen Konventionen fest und steht westlichen Einflüssen eher skeptisch gegenüber. Dennoch war das Abendland an der Entwicklung des modernen indischen Tanzes maßgeblich beteiligt – nicht allein durch die Förderung zahlreicher Auslandstourneen indischer Tanzgruppen. So entdeckte die berühmte russische Tänzerin Anna Pavlova in den 20er und 30er Jahren indische Künstler wie Uday Shankar, Menaka oder Rukmini Devi und inspirierte sie zu eigenen Choreographien oder Stücken.

39 Kuchipudi: werbende Liebesszene, Vedantam Satyanarayana Shanna Troupe

Trotz aller Traditionalität ist der indische Tanz offen für Erweiterungen und Erneuerungen des Repertoires, sofern sie sich an überlieferten, meist religiösen Themen orientieren. Jüngere Tänzer setzten mit Hilfe alter Meister und ausgehend von überlieferten Texten nahezu vergessene Stücke wieder in Szene, um sie vor dem unwiderruflichen Verlust zu bewahren; gleichzeitig entstanden auch völlig neue Stile und Genres. Rabindranath Tagore etwa schuf eine eigene Adaption des Manipuri-Tanzes, den sogenannten Shantiniketan-Stil. Auch Uday Shankar experimentierte mit neuen Themen, darunter ein Ballett über die Geschichte Indiens, und mischte erfolgreich Elemente des traditionellen und folkloristischen Tanzes.

Nach wie vor ist aber für Indien nicht der überregionale, aus seinem lokalen Umfeld herausgelöste Tanz charakteristisch, sondern die Vielfalt an Stilrichtungen einzelner Regionen und Kulturen.

Das südindische Bharata Natyam

Der Tanzstil des Bharata Natyam wird vor allem in den tamilsprachigen südöstlichen Regionen Indiens gepflegt. Im engeren Sinn versteht man unter Bharata Natyam häufig den Solotanz Sadir Natya, jedoch werden auch der Gruppentanz Kuravanji sowie die Tanztheater Bhagavatamela und Kuchipudi hinzugerechnet, weil sich diese Stile an das ›Nāṭyaśāstra‹ des Bharata anlehnen und somit einander ähnliche Tanzelemente bewahren.

Da für das Bharata Natyam traditionell Tempeltänzerinnen beschäftigt wurden, geriet dieser Tanzstil wegen der puritanischen Vorbehalte, die unter Einfluß der britischen Kolonialmacht entstanden, in Gefahr auszusterben. In Mysore wurde 1910 die Schenkung von Devadāsīs an Tempel verboten, 1930 folgte Travancore und 1947 Tamil Nadu.

Zuvor hatte jedoch bereits eine Renaissance dieses Tanzstils eingesetzt, die vor allem dem engagierten Rechtsanwalt E. Krishna Iyer zu verdanken ist. Iyer begann 1925 unter Natesh Iyer aus Melattur, einem Meister des Bhagavatamela-Stils, mit dem Studium des Bharata Natyam. Nach zahlreichen Auseinandersetzungen mit den Kreisen, die sich gegen den Tempeltanz wandten, und der Presse, die diese Opposition unterstützte, gelang dem Rechtsanwalt Anfang 1933 in der von ihm gegründeten *Madras Musical Academy* der Durchbruch.

Dort organisierte er mit den letzten aktiven Devadāsīs eine Aufführung, die selbst bei Mitgliedern höherer Kasten großen Anklang fand. So nahm Rukmini Devi, die Tochter eines Brahmanen, daraufhin Unterricht bei der Tempeltänzerin Gauri Amma aus Mylapore nahe Madras und dem damals wohl besten Tanzpädagogen Minakshisundaram Pillai. 1936 gründete auch Rukmini Devi ein eigenes Institut zur Pflege und Erforschung von Tanz und Musik, das international angesehene *Kalakshetra* nahe Madras.

Eine weitere berühmte Vertreterin des Bharata Natyam war die Tempeltänzerin Bala Sarasvati (s. Abb. 40), die 1934 gemeinsam mit E. K. Iyer in einer Vorstellung während einer Musikkonferenz Tagore nachhaltig beeindruckte. Sie war stolz darauf, eine Devadāsī zu sein und aus einer Familie zu stammen, deren Vorfahren schon am Königshof in Tanjore gewirkt hatten. Zusammen mit so berühmten Sanskritgelehrten wie V. Raghavan erforschte die hochgebildete Frau den Tanz, ihren Namen machte sie sich jedoch vor allem auf ausgiebigen Tourneen durch Indien und außerhalb des Landes.

Andere Künstler wie der heute in London wirkende Tanzmeister Ram Gopal und Mrinalini Sarabhai, die Gründerin der bekannten Tanzschule *Darpana* in Ahmedabad, trugen ebenfalls zur Verbreitung des Bharata Natyam bei. In jüngerer Zeit fiel unter anderem die Tänzerin Sucheta Bhide Chapekar auf, die viele aus der Zeit der Maratha-Könige von Tanjore (17.–19. Jahrhundert) stammende Tanzkompositionen wieder entdeckte und ihnen zu neuer Popularität verhalf (s. Titelbild).

40 Bharata Natyam: Bala Sarasvati in flehender Haltung

Tanztechnik

Die Ursprünge des Bharata Natyam und verwandter Stilrichtungen aus dem ›Nāṭyaśāstra‹ lassen sich sowohl für den rhythmischen Tanz *(nṛtta),* der in diesem Stil besonders gepflegt wird, als auch für den erzählerisch-expressiven Tanz und den dazugehörigen tanztheatralischen Darstellungsmitteln *(abhinaya)* nachweisen.

Der literarischen Vorlage folgend, werden die einzelnen Körperhaltungen und -bewegungen (*karaṇa,* s. Abb. 25-27) in präzise beschriebene Körperstellungen *(sthānaka),* Schrittfolgen *(cāri)* sowie Hand- und Fingergesten (*hasta,* s. Abb. 23, 24) klassifiziert. Kopf, Nacken und Schultern bilden eine Körpereinheit, deren auffallendste Konfiguration kantige Seitwärtsbewegungen des Halses zu den Schultern sind, wobei der Kopf senkrecht steif bleibt. Der Rumpf, der als eine weitere Körpereinheit gilt, wird meist nur an den Seiten gebeugt. Die Beine gelten als gerade Linien oder, wenn sie seitlich angezogen sind, als zwei Schenkel eines imaginären Dreiecks.

Alle Bewegungen dieser und anderer Körpereinheiten sowie ihre Kombinationen wurden bis zu den kleinsten Körperteilen in allen Schulen des Bharata Natyam nahezu gleich stilisiert und benannt. Dabei sind bestimmte Kombinationen von Haltungen und Bewegungen (Tam. *adāvu*) besonders wichtig, weil sie immer wiederkehren und daher im täglichen Training häufig geübt werden (s. Farbabb. 18–21).

So berühren bei der Grundposition *(samapāda)* beide Füße geschlossen den Boden, während die Arme an den durchgestreckten Beinen liegen. Beim »Halbkreis« (*ardhamaṇḍalī,* s. Abb. 44) sind die Füße seitlich ausgestellt, die Knie zu den Seiten hin gebeugt und die Arme entweder schräg nach unten gestreckt oder angewinkelt.

Diese Bewegungen gelten als Abweichungen von der Grundposition, bei der die Tänzerin in der rituell wichtigen Bühnenmitte stehen muß. Für das Bharata Natyam ist außerdem charakteristisch, daß die Arm- und Beinbewegungen imaginäre Dreiecke nachbilden sollen. Wenn zum Beispiel, wie in der zweiten Position, die Hände auf den Hüften liegen, werden der Rumpf als Basis und Oberarm sowie Ellenbogen als Schenkel eines solches Dreiecks verstanden. Zudem muß jede Bewegung nach Möglichkeit auf beiden Seiten der Bühne symmetrisch durchgeführt werden.

Bei Aufführungen des Bharata Natyam sind je nach Schultradition die theoretischen Kombinationen dieser grundlegenden Haltungsmuster auf etwa zehn bis fünfzehn Bewegungssequenzen *(adāvu)* mit verschiedenen Variationsmöglichkeiten beschränkt. Dabei wird jede Bewegungseinheit mit einer Lautsilbe (Tam. *sollukaṭṭu*) benannt, die mit bestimmten Trommelschlägen korrespondiert. So können die für das Bharata Natyam besonders typischen Schrittfolgen, in denen die Ferse der nach außen gestreckten Füße beim Nachvornegehen kraftvoll auf den Boden gestampft werden, *tai-ha* heißen, die Schritte des Zurückgehens auf den Zehen etwa *tai-ya.* Ob allerdings eine Bewegungsheinheit so genannt wird, hängt zusätzlich von genau festgelegten Gesten und Bewegungen des Körpers, der Arme und Hände sowie des Kopfes ab.

Zur besseren Erinnerung faßt man die Lautsilben mitunter in kurze Verse, die der Lehrmeister während des Trainings den Tänzerinnen in wechselnder Reihenfolge zuruft. Auch bei Aufführungen skandieren der Sänger oder der Tanzmeister (Tam. *nattuvanar*), begleitet von einem Musiker, der auf der Mṛdaṅga-Trommel die entsprechenden Rhythmen (Tam. *chollu*) schlägt, laut diese Silben. Synchron dazu klingen die Glöckchen von der komplexen Fußarbeit der Tänzerin. Den Grundrhythmus *(tāla)* halten ein zweiter Mṛdaṅga-Trommler sowie der Spieler der kleinen, hell tönenden Becken, der häufig auch der Sänger ist.

Der Solotanz Sadir Natya

Die heutige Form des Solotanzes Sadir Natya geht auf die Herrschaft der den Künsten besonders geneigten Maratha-Könige zurück, die in Tamil Nadu von 1674 bis 1854 regierten. Von König Tulaja (1763–87) heißt es, daß er einen Sanskrittext über Musik und Tanz, den ›Saṅgītāsārāmṛta‹ verfaßt habe, in dem er unter anderem 16 Gruppen von Bewegungssequenzen *(adāvu)* nebst rhythmischen Lautsilben beschrieb.

An Tulajas Hof wirkte als Tanzmeister auch ein gewisser Subharāja Nattuvanar, Vater von vier Söhnen namens Cinnaya, Ponnaya, Śivānanda und Vadivelu. Als Tanjore-Quartett erlangten sie unter König Serfoji II. (1798–1832) in Tanjore Ruhm und Anerkennung.

Die vier Brüder schufen im wesentlichen die auch heute noch gültige siebenteilige Programmfolge des Sadir Natya, den man auch als Dāsī

41, 42 Bharata Natyam: Tanzhaltungen (karaṇa): Gruß (namaskāra) und Shivaliṅga, Tänzerin: Sucheta

(Tanz der Tempeltänzerinnen) bzw. Sadir Attam oder Sadir Nautch bezeichnet, da er ursprünglich nur von weiblichen Hof- und Tempeltänzerinnen dargeboten wurde.

Zu Beginn des Sadir Natya verehren im hinteren Teil der Bühne Tänzerinnen und Musiker mit Blumen und Räucherstäbchen eine Statue Shivas in seiner Erscheinungsform als Naṭarāja (Herr des Tanzes). Anschließend nehmen die Musiker auf der linken Seite der Bühne Platz, während sich eine Tänzerin zur Bühnenmitte begibt, um die Vorführung mit einem kurzen Präludium einzuleiten.

Dieser erste Programmteil (Tam. *alārippu*) dauert nur etwa fünf Minuten und enthält rein tänzerische Nṛtta-Elemente. Die Tänzerin steht, dem Publikum zugewandt, zunächst in der Grundposition *(samapāda)*. Ihre Handflächen hat sie über dem Kopf in der *añjali*-Geste, der ersten der beidhändigen Handhaltungen, zum Gruß der Götter aneinandergelegt. Dann zieht sie die Hände in der gleichen Geste auf Augenhöhe und grüßt somit den Guru und Lehrmeister. Schließlich heißt sie mit den Händen auf Brusthöhe das Publikum willkommen.

Jetzt erst setzt die Musik ein, die Mṛdaṅga-Trommel sowie die Stimme des Ausrufers der rhythmischen Lautsilben. Damit übereinstimmend, bewegt die Tänzerin ihren Hals mehrfach nach rechts und links. Ihre Augen schauen in einem Dreiecksmuster zunächst nach oben, dann ebenfalls nach links und rechts. Diese ruhigen Bewegungen wiederholt die Tänzerin einige Male, bis sie mit ihren Schultern, Armen, Händen und schließlich auch mit den Beinen und Füßen einen immer komplexeren und schnelleren Tanz darbietet, der in einer halbknienden Position abgeschlossen wird, in der die Akteurin das Publikum erneut respektvoll grüßt.

Der zweite Programmteil *(jatisvara)* besteht aus einer gesungenen Melodie *(svara)* und einem rhythmischen Tanz, der in wechselvoller Spannung zum Trommelspiel steht. Die Reihenfolge der rhythmischen Muster *(jati)* wird vorher nicht zwischen den Künstlern abgesprochen, so daß sich Tänzerin, Trommler und Sänger immer wieder zu brillanten Variationen anspornen, wobei sie allerdings auf den ersten Schlag einer rhythmischen Periode *(tāla)* zusammenkommen müssen. Dabei wird die Tänzerin besonders gefordert: Sie muß mit den Füßen den zum Teil äußerst schwierigen, synkopenhaften Rhythmus und mit dem Körper die Stimmung der Melodie ausdrücken.

Der dritte Programmteil (*śabda;* Wort, Ton) besteht aus einem Loblied auf eine Gottheit, einen König oder Guru, tänzerisch begleitet vor allem durch eine eher schlichte Abhinaya-Mimik. Auf jeden Vers des Liedes folgen jedoch schnelle Nṛtta-Tanzpassagen.

Mit dem vierten Programmabschnitt (*varṇa;* Farbe) beginnt der schwierigste Teil des Sadir Natya, der bis zu einer Stunde dauern kann. Nun bietet die Tänzerin ihr ganzes Können dar, unter anderem um bei den Zuschauern eine verliebte Gefühlsstimmung *(śṛṅgāra)* zu wecken, da dieser Programmteil stets von der göttlichen oder menschlichen Liebe mit all ihren Freuden und Sehnsüchten handelt. Ausgedrückt wird diese Stimmung durch lyrischen Gesang und stete Wechsel zwischen rhythmischen und erzählerisch-expressiven Tanzformen, wobei die rhythmischen Passagen mitunter doppelt und vierfach so schnell wie der Grundrhythmus wiederholt werden.

Sozusagen als langsamer Satz folgt der fünfte Programmteil (*padam;* Vers), in dem zu teilweise von der Tänzerin selbst gesungenen Liebesliedern ruhige Abhinaya-Bewegungen getanzt werden.

43 Bharata Natyam: Ganesha-Tanzhaltung (karaṇa), Tänzerin: Sucheta ▷

Vom Finale (Tam. *tillāna*), dem sechsten Abschnitt der Darbietungen, heißt es, er sei im Norden Indiens unter persischem Einfluß entstanden. Er besteht aus einer lebhaften Folge von schnellsten Nṛtta-Tänzen mit nur kleinen Abhinaya-Anteilen.

Die Vorführung endet mit einer kurzen mimischen Darstellung eines Verses *(śloka)* aus der klassischen Spruchdichtung.

Die Mysore-Schule

Wie zahlreiche Tanzskulpturen an Tempeln in Halebid und Belur heute noch zeigen, erlebte die südindische Tanztradition vom 12. bis 14. Jahr-

44 *Bharata Natyam: Sucheta in verschiedenen Tanzhaltungen (karaṇa): Pfau (mayūra), Grundposition (ardhamaṇḍalī) im Alārippu-Programmteil, Fisch (matsya), König* ▷

hundert auch im Gebiet um Mysore unter den Hoysala-Königen eine Blüte. Die Legende berichtet sogar, daß die Hoysala-Königin Śantalā selbst in den Säulenhallen dieser Tempel getanzt habe.

Aber erst seit Beginn des letzten Jahrhunderts sind die Vorläufer einer Variante des Bharata Natyam nachweisbar, die als sogenannte Mysore-Schule bekannt wurde. Sie entstand unter König Krishnarada Vadiyar (1799–1868), einem großen Förderer der Künste. Der Sohn des Königs lud Cinnaya Nattuvanar, einen der vier Brüder des Tanjore-Quartetts, an seinen Hof und ließ ihn zahlreiche, noch heute im Tanz verwendete Liebes- und Lobeslieder verfassen.

Während jener Zeit wurde in Mysore auch die Institution der Palasttänzerin geschaffen. Anerkannte Dichter, Musiker und Sanskritgelehrte wählten diese Tänzerinnen aus, die nach ihrer Ernennung von Hofpoeten und -lehrern in allen Künsten ausgebildet wurden. Aus diesem Grund

weist die Mysore-Schule noch immer einen vergleichsweise hohen Anteil an Sanskritversen und -liedern auf, während andere dem Bharata Natyam verwandte Stile vielfach auch örtliche Volkssprachen bevorzugen. Eine der Palasttänzerinnen, Jetty Tayamma, führte ein neues Element in das Programm ein: eine Art Prolog *(cūrṇikā)*, in dem die Errungenschaften des legendären ›Nāṭyaśāstra‹-Verfassers Bharata besungen werden.

Die Mysore-Schule beginnt ihre Vorstellungen zunächst mit einem musikalischen Vorspiel, dem ein Instrumentalduett folgt. Dann schließen die Verehrung des Shiva mit Blumen und Weihrauch sowie, zur Abwehr von Hindernissen, des Ganesha an. Nach dem Cūrṇikā-Prolog wird das Publikum respektvoll gegrüßt *(sabhāpūjā)*. Ansonsten entsprechen die Programmteile im wesentlichen dem Sadir Natya aus Tanjore, abgesehen von einem Telugu-Lied (Tel. *javali*), das dem Schlußvers *(śloka)* vorausgeht, und einem gückverheißenden Tanzstück *(maṅgalam)*, das ihm folgt.

Das Gruppentanzspiel Kuravanji

Die Kompositionen des ausschließlich von Frauen dargebotenen Gruppentanzspiels Kuravanji haben ein zentrales Thema: die Liebe eines Mädchens zu einem Mann, den es nur einmal gesehen hat. In seiner Sehnsucht, der grundlegenden Stimmung (*rasa*) dieses Tanzes, stehen ihm Freundinnen bei, die es immer wieder trösten und zu einer Hauptfigur des Kuravanji bringen, einer dem Kurava-Stamm angehörigen Zigeunerin (Tam. *kuratti*, s. Abb. 45). Sie liest der Liebeskranken aus der Hand und sagt ihr ein glückliches Wiedersehen mit dem Geliebten voraus.

Das Genre des Kuravanji steht damit ganz im Zeichen der devotionalen Gottesliebe des Bhakti-Kultes sowie unter dem Einfluß entsprechender Werke wie etwa dem ›Gītāgovinda‹ des Jayadeva. Die Sehnsucht der Liebenden ist der metaphorische Ausdruck für den Wunsch des Gläubigen, mit der Gottheit zu verschmelzen, vor der diese Tänze aufgeführt werden.

Viele Kuravanji-Stücke enden mit einem Epilog, in dem die Zigeunerin mit ihrem Mann auf die Jagd geht. Dabei verspätet sich die Frau so sehr, daß ihr Mann ärgerlich wird. Als er jedoch nach einem Streit die Geschenke sieht, mit denen sie von der Heldin überhäuft wurde, vergibt er seiner Frau schnell und stimmt in ihre Freude ein. Der Dialog zwischen beiden ist lebhaft und voller Spaß, so daß sich der Kuravanji-Stil großer Beliebtheit erfreut.

Die Kuravanji-Tanzspiele sind ausschließlich Gruppentänze. Sie beginnen in der Regel mit einem Einführungslied, das die Tänzerinnen gemeinsam hinter einem Bühnenvorhang singen. Der Tanz erzählt die Geschichte des Liebespaares und bedient sich dabei vieler symbolischer Darstellungsmittel (*abhinaya*). Die Saris der Tänzerinnen unterscheiden sich kaum voneinander, lediglich die Zigeunerin trägt ein besonders buntes Kostüm, möglicherweise eine Erinnerung an den tribalen Ursprung dieses Charakters.

Um 1720 verfaßte Tirukuda Rajappa Kavirayar zum Ruhme des Gottes Tirukudanātha die älteste Komposition dieser Stilrichtung, das Tanzspiel ›Kutrala Kuravañji‹. Das Stück wurde regelmäßig während des Navarātri-Festes im Bṛhadīśvara-Tempel von Tanjore aufgeführt, bis es mit dem Verbot des Tempeltanzes im Tamil Nadu nahezu in Vergessenheit geriet. Aber schon 1944 begann seine Renaissance mit einer Inszenierung im Kunstzentrum Kalakshetra von Rukmini Devi, und seither gehört es nicht nur dort zum ständigen Repertoire.

Eine weitere bekannte Komposition ist das ›Kumbheśvara Kuravañji‹, das im 18. Jahrhundert von Papanasam Mudaliar zu Ehren Kumbheśvaras, einer Erscheinungsform Shivas, im Tempel von Kumbhakonam verfaßt wurde. Lokalen Dokumenten zufolge führten zwischen 1835 und 1875 Tempeltänzerinnen dieses Stück an jedem vierten Tag des Frühlingsfestes im Dorftempel von Sulamangalam auf, während zur gleichen Zeit Männer das Bhagavatamela tanzten.

Zum Ruhme König Serfojis aus Tanjore komponierte dessen Hofpoet Kottayur Sivakozundu Desikar das beliebte Tanzspiel ›Śarabhendra Bhūpāla Kuravañji‹. Musik und Choreographie werden Ponnaya zugeschrieben, einem der Brüder des Tanjore-Quartetts. Dieses Stück wurde offiziellen Dokumenten des Bṛhadīśvara-Tempels zufolge zwischen 1942–46 unter Leitung des Tanzmeisters Kuppaiah Pillai wiederentdeckt, nachdem es lange Zeit ausschließlich im Palast von Tanjore zur Aufführung gelangt war. Aufsehen erregte eine 1950 von der *Tamil Isai Sangham* organisierte Darbietung in Madras, bei der die berühmte Bharata Natyam-Tänzerin Bala Sarasvati den Part der Zigeunerin tanzte. Später

45 Kuravanji: Zigeunerin mit ihrem Mann ▷

nahm auch Mrinalini Sarabhai dieses Tanzdrama in ihr Repertoire auf und machte es auf ihren Tourneen über Südindien hinaus einem großen Publikum bekannt.

Das Bhagavatamela-Tanztheater

Der Bhagavatamela-Stil entwickelte sich aus älteren Formen des Tanztheaters, die in bestimmten Regionen von Andhra Pradesh und Tamil Nadu gepflegt wurden. Inschriften der Cola-Könige aus dem 8. bis 10. Jahrhundert bezeichnen beispielsweise Tanzdramen als brahmanische Feste (*brāhmaṇamela*). Damit wird bereits sehr früh ein Unterschied zum Sadir Natya und Kuravanji deutlich: Der Stil des Bhagavatamela ist – wie auch der ähnliche Kuchipudi-Tanz aus Andhra Pradesh – von bestimmten Brahmanen geprägt und wird ausschließlich von Männern, nicht aber von Tempeltänzerinnen aufgeführt.

Diese Brahmanen – in Andhra Pradesh hießen sie Bhāgavatulus, in Tamil Nadu Bhāgāvatāras – faßten Tanz, Theater und Musik als ein besonders geeignetes Mittel der religiösen Propaganda im Sinne der vishnuitischen Gottesliebe (*bhakti*) auf. Die ältere Form des Bhagavatamela, die später Kuchipudi genannt wurde, scheint aus Andhra Pradesh zu stammen. Nach dem Fall des Vijayanagar-Reiches in Andhra Pradesh im Jahre 1565 flohen zahlreiche Künstler und Gelehrte nach Tamil Nadu und begaben sich unter den Schutz der Herrscher in Tanjore. Noch heute werden die Bhagavatamela-Stücke in und um Tanjore in der Telugu-Sprache aufgeführt, obwohl das Publikum mehrheitlich Tamil spricht.

Einer der Herrscher von Tanjore, König Acyutappa Nāyaka (1572–1614), stiftete der Legende zufolge sogar 510 Bhāgāvatāra-Familien ein ganzes Dorf, auf daß sie das Tanztheater in ihrem Sinne pflegten und weiterentwickelten. Der 20 km nordöstlich von Tanjore gelegene Ort trug ursprünglich den Namen König Acyutapuras; heute ist er als Melattur bekannt. Noch immer wohnen dort in drei Straßenzügen brahmanische Familien, die ihren Ursprung auf jene Vorfahren zurückführen.

1 Krishna mit den Kuhhirtinnen, Illustration aus dem Bhāgavatapurāṇa, National Museum New Delhi ▷

2 Akrobatischer Tanz mit Wasserkrügen, National Museum New Delhi

3 Rundtanz (rasamaṇḍala) mit Krishna-Rādhā in der Mitte, National Museum New Delhi

4 Himmlische Musikanten und Tänzerinnen, dargestellt im Kangra-Malstil, National Museum New Delhi

5 Aufführung des Rāmāyaṇa-Epos in Allahabad ▷

7	Kathakali	Auftragen des Make-up für Rāma
6	Kathakali	Rāma in der Begrüßungsgeste
8	Kathakali	Rāma und ein Jäger

9 Kathakali Einführungstanz von Rāvaṇa

10 Kathakali Rāma und seine Frau Sītā

11 Kathakali Kampfszene mit Dämonenfiguren

12–13 Kathakali Rāma in verschiedenen Tanzpositionen

14 Seraikella-Chhau Die Göttin (Devī) im Kampf mit dem Wasserbüffeldämon

16 Seraikella-Chhau Der Pfauentanz ▷

15 Seraikella-Chhau Der Mondprinz hofiert die Prinzessin der Nacht

18–19 Bharata Natyam Tanzunterricht in der Universität von Baroda

◁ 17 Rāmlīlā in Benares Rāvaṇa mit Begleitern

20–21 Bharata Natyam Tanzmeister Chandrashekar beim Unterricht

22 Volkstanz in Orissa mit Transvestiten

23 Volkstanz (garbha) von Frauen in Gujarat

Einer der bekanntesten Autoren von Bhagavatamela- und Kuchipudi-Stücken ist der Heilige Tīrtha Nārāyaṇa Yati, der angeblich im 14. Jahrhundert das beliebte Drama ›Kṛṣṇalīlātaraṅgiṇī‹ über das Leben Krishnas verfaßte. Das in höchst anspruchsvollem Sanskrit geschriebene, vom ›Gītāgovinda‹ beeinflußte Werk enthält Lieder, Verse, Prosapassagen sowie Bühnenanweisungen und tanzrhythmische Lautsilben (*sollukaṭṭu*). Zu weiteren, ebenso populären Bühnenstücken von Tīrtha Nārāyaṇa Yati zählen »Der Parijāta-Baum« (›Parijāta‹), »Die Tugend der Rukminī« (›Rukminīkalyāṇa‹) und »Der Tod des Dämonen Kaṃsa« (›Kaṃsavyādhana‹).

Der Tradition des Krishna-Gottesliebe fühlte sich auch der Dichter Venkatarama Shastri verpflichtet, der während der Herrschaft der Maratha-Könige Serfoji II. (1798–1832) und Shivaji (1832–55) wirkte. Obgleich Shastri ein angesehener Sanskritgelehrter war, schrieb er zwölf Dramen auf Telugu, der Hofsprache auch im tamilsprachigen Tanjore. Sein populärstes Werk »Die Geschichte von Prahlāda« (›Prahlādacarita‹) geht auf einen alten puranischen Mythos zurück.

Prahlāda, der Sohn des Dämonen Hiraṇyakaśipu, will seinen von Vishnu getöteten Bruder rächen. Nach langer Askese erhält Hiraṇyakaśipu von Brahmā die Gunst, unverletzbar zu sein. Weder durch Mann noch durch Frau, weder durch ein Tier noch durch irgendeine Waffe, weder drinnen noch draußen, weder am Tag noch in der Nacht kann er getötet werden. Hiraṇyakaśipu wird jedoch übermütig und läßt sich als höchsten Gott verehren. Nur Prahlāda, sein eigener Sohn, verweigert ihm die Anerkennung, da er ein treuer Anhänger Vishnus ist. Daraufhin greift Hiraṇyakaśipu wütend Prahlāda an. In seinem Zorn zerschlägt er eine Säule und provoziert seinen Sohn mit dem Vorwurf, Vishnu müsse auch in diesem Stein sein, wenn er so allmächtig ist. Nun befindet sich die Säule genau auf einer Türschwelle, ist also weder drinnen noch draußen, und aus ihr entspringt tatsächlich Vishnu in seiner Erscheinungsform als Narasiṃha, »halb Mann, halb Löwe«. Zudem ist es gerade Dämmerung, also weder Tag noch Nacht, und da Narasiṃha dem Hiraṇyakaśipu den Bauch aufreißt, folglich keine Waffen benutzt, besiegt Vishnu am Ende überlegen die Herrschsucht des Bösen.

Seit über hundert Jahren wird dieses Stück beim Narasiṃha-Fest im Mai/Juni in Melattur aufgeführt. Es beginnt mit dem Auftritt einer Art Clown (Tam. *konaṅgi*), der einige Minuten lang ausgelassen tanzt und das

Publikum um Ruhe und Aufmerksamkeit bittet. Nach seinem Abgang erscheinen die Musiker und singen ein glückverheißendes Loblied (*todayamaṅgala*) auf Rāma und Sītā. Danach rezitieren die Musiker Lautsilben, zu denen sich zwei Akteure hinter dem Vorhang eintanzen.

Nachdem die Dorfältesten Tänzern und Musikern Blumen und Sandelholzpaste zur Verehrung dargereicht haben, erscheint auf der Bühne ein Junge mit einer kleinen Maske des elefantenköpfigen Ganesha. Tanzend bittet er diesen Gott, der Aufführung ein gutes Gelingen zu bescheren.

Während des Stückes stellen sich die einzelnen Akteure vor, indem sie tänzerisch kurz ihre Rolle beschreiben. Einen Höhepunkt bietet die Szene, in welcher der Dämon Hiraṇyakaśipu die Säule zerschlägt. Im selben Augenblick erscheint ein Akteur mit der Maske Narasiṃhas, vor dem der Dämon sogleich flieht. Er springt von der Bühne und tanzt durch das Publikum zum Tempel. Die Zuschauer öffnen ihm halb furchtsam, halb lachend eine Passage, denn noch immer beschimpft er lautstark Narasiṃha. Erregt warten alle auf den Moment, in dem der Gott den Dämon faßt und ihm den Bauch aufreißt.

Am Ende der Aufführung, welche die ganze Nacht andauert, gehen die erschöpften Akteure, begleitet von den sanften Klängen eines Morgen-Rāga, durch das Publikum zum Tempel. Nach der Verehrung der dortigen Gottheit beschenkt man überall im Dorf die Tänzer und Musiker. Schließlich wird dem Tänzer in einer heiligen Zeremonie die Maske des Narasiṃha abgenommen und bis zum nächsten Jahr im Tempel verwahrt.

In dieser traditionellen Form – vor dörflichem Publikum und vor einem Tempel aufgeführt –, überlebt das Bhagavatamela nur in wenigen Orten. Wieder war es der Anwalt E. Krishna Iyer, der mit Hilfe von Rukmini Devi Aufführungen inszenierte und 1950 ein Festival der Stücke des Bhagavatamela organisierte, das viel zur Renaissance dieses dramaturgisch lebhaften Tanzstils beitrug.

Aufführungspraxis

Die Stücke des Bhagavatamela bestehen aus Gruppen- und Solotänzen, die mit Tillāna- und Alārippu-Programmteilen des Sadir Natya durchsetzt sind. Dabei wechseln rein tänzerische Zwischenspiele mit geschlossenen, den Handlungsverlauf ausdrückenden Darstellungen.

Die Dramaturgie des Bhagavatamela entspricht im wesentlichen den Konventionen des alten Sanskritdramas: Gewalttätigkeiten, gar Tötungen oder Morde werden auf der Bühne allenfalls symbolisch angedeutet, meist aber nur erzählend oder singend ausgedrückt. Das Musikensemble besteht aus einer männlichen Singstimme, Flöte, Geige, Trommel (*mṛdaṅga*), Laute (*tamburā*) und zwei kleinen Beckenpaaren. Die Musiker sitzen normalerweise in zwei Reihen auf der rechten Bühnenseite.

Auch die Tänzer singen gelegentlich während der Aufführung oder unterhalten sich in kurzen Prosadialogen. Im allgemeinen präsentiert damit das Bhagavatamela drei Typen von Liedern: Einführungslieder (*pattrapraveśadāru*), mit denen sich ein Charakter vorstellt, Konversationslieder (*saṃvādadāru*), bei denen sich zwei Darsteller unterhalten, und monologische Lieder (*svagatadāru*).

Die Tänzer tragen in der Regel einfache, farbenfrohe Kostüme mit bauschigen Hosen und Hemden sowie eine turbanartige Kopfbedeckung aus sich nach oben verjüngenden Strohringen, die mit schwarzem oder rotem Brokattuch umwickelt sind. Tänzer, die Frauenfiguren darstellen, tragen Saris und passende Blusen. Unter den wenigen verwendeten Masken ragt die des Narasiṃha besonders heraus.

Das Kuchipudi-Tanzdrama in Andhra Pradesh

Der Kuchipudi-Tanzstil wurde nach einem gleichnamigen Dorf im Bundesstaat Andhra Pradesh benannt. Es heißt, der Nawab von Golconda, Abdul Hassan Tahnisha, habe 1675 den wenigen nach dem Sturz des Vijayanagar-Imperiums nicht nach Tanjore geflohenen Bhagavatulu-Tänzern das Kuchipudi-Dorf, damals noch Kuchilapuram genannt, gestiftet, nachdem er dort eine Tanzaufführung gesehen hatte. Das Stück stammt der Legende zufolge aus der Feder des Heiligen Siddhendra Yogi, eines Schülers von Tīrtha Nārāyaṇa Yati, der sich um das Bhagavatamela-Tanztheater besonders verdient gemacht hatte.

Beide Stile weisen zahlreiche Gemeinsamkeiten in Tanzformen und Ausdrucksmitteln auf. Freilich sind die Unterschiede in Repertoire und Dramaturgie so groß, daß man von zwei getrennten Stilrichtungen reden muß. Zu den häufiger gespielten Stücken des Kuchipudi-Tanzdramas gehören vornehmlich Episoden aus dem Leben Vishnus und Krishnas. Darunter befindet sich auch eine Bühnenversion des ›Gītāgovinda‹-Gedichts von Jayadeva mit einer tänzerischen Darstellung der zehn Erscheinungsformen Vishnus. Beliebt ist auch das ›Maṇḍukaśabda‹, ein vermutlich im 14. Jahrhundert von Jayappa Nāyaka für einen Hoftänzer verfaßtes Stück, in dessen Mittelpunkt der Tanz eines Frosches (*maṇḍuka*) steht. Es erzählt den Mythos dieses Tieres, das von Brahmā in ein hübsches Mädchen verwandelt wird, um einen Dämon abzulenken, der die Göttin Pārvatī belästigt.

Populär ist auch der erste Teil aus der ›Kṛṣṇalīlātaraṅgīṇī‹ von Tīrtha Nārāyaṇa Yati mit dem Titel ›Bālagopālataraṅga‹, das hohe tänzerische Virtuosität erfordert. Zu einem Verblendung (*mohana*) genannten Rāga werden bis zu 35 rhythmische Variationen entwickelt, in deren Verlauf der Tänzer auf einem Messingtablett und auf einem umgestülpten Ton-

46 Kuchipudi: Tanz auf einem Tablett, Tänzerin: Swapna Sundari ▷

krug tanzt (s. Abb. 46). Dabei balanciert er einen kleinen Eimer voll Wasser auf dem Kopf oder zeichnet mit seinen gepuderten Füßen farbige Muster auf das Podium.

Ein ebenso komisches wie interessantes Stück des Kuchipudi heißt ›Gollākalapām‹ oder ›Vīthibhāghavata‹. Darin fordert ein einfaches Milchmädchen (Tel. *gollā*) die Gelehrsamkeit eines Brahmanen mit immer neuen Sanskritzitaten heraus. Sie will ihm zeigen, daß sein höherer Status gefährdet ist, wenn sein Wissen ihn verläßt. In dem neckischen Dialog übernimmt der Brahmane zum Teil auch den Part eines Spaßvogels (*vidūṣaka*), der Parodien auf Helden singt und tanzt.

Szenen wie diese leiten sich aus einem älteren Vorspiel zu dem wohl beliebtesten Stück des Kuchipudi ab, dem »Raub des Parijāta-Baums« (›Parijātāpaharaṇa‹) von Siddhendra Yogi. Da die Aufführung dieses Stückes mehrere Tage dauert, wird es meist in einer kürzeren Telugu-Fassung mit dem Titel »Das Gespräch der (Satya-)Bhāma« (›Bhāmākalāpa‹) gespielt. Es erzählt von der Liebe Satyabhāmās zu ihrem Mann Krishna und ihrem Verlangen nach dem himmlischen Baum namens Parijāta aus Indras Garten.

Satyabhāmās Auftritt beginnt, indem sie tanzend über einen Vorhang blickt, sich dann abwendet und ihren langen Haarzopf über den Vorhang hängen läßt. Es ist eine Aufforderung an das Publikum, mit ihr im Tanz zu wetteifern: Wer glaubt, ihr überlegen zu sein, soll den Zopf abschneiden und ihre Rolle übernehmen. Diese kokette Szene deutet schon an, daß Satyabhāmās Darbietung höchste Ansprüche an künstlerische Tanztechnik und Ausdruckskraft stellt: Kaum ein Charakter des Kuchipudi-Tanzdramas verlangt ähnliche emotionale Tiefe und tänzerische Virtuosität wie der von Satyabhāmā.

Während der Aufführungen sprechen und singen teilweise auch die Tänzer. Der Hauptteil der tänzerischen Elemente liegt jedoch bei einer Figur, die aus dem klassischen Theater stammt und auch in anderen Tanzstilen auftritt: eine Art Zeremonienmeister (*sūtradhāra*, wörtl.: Fadenhalter). Ihm obliegt es, teils singend, teils sprechend die Charaktere einzuführen, wenn sie auf der Bühne erscheinen, ihre Funktion zu erklären und humorige Intermezzi zwischen längeren tanzdramatischen Passagen einzuschieben.

Die Technik des Kuchipudi gleicht im wesentlichen der des Bharata Natyam. Ursprünglich waren nur Männer als Akteure zugelassen, heute gehören auch Frauen zu den hervorragenden Interpreten dieses Tanzes, den vor allem die *Kuchipudi Arts Academy* in Madras sowie die Lehrer Vempati Chinna Satyam und Yamini Krishnamurti über die Grenzen von Andhra Pradesh bekannt machten.

47 Kuchipudi: Tanz mit Lichtern, Tänzerin: Mallika Sarabhai

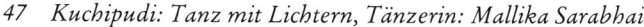

Das Yakshagana-Tanztheater in Karnataka

Das im heutigen Bundesstaat Karnataka verbreitete Tanztheater Yakshagana (s. Abb. 48, 49) weist zahlreiche Gemeinsamkeiten mit dem Bhagavatamela und Kuchipudi sowie dem Kathakali auf. Es scheint, daß es aus einer besonderen Musikform hervorgegangen ist, da sein Name »Gesang der Dämonen« bedeutet und auf einen Gesangsstil verweist. Bereits in einer Inschrift aus dem Jahre 1556 wird die Schenkung eines Landstücks an einen Tempel dokumentiert, aus deren Erträgen derartige Konzerte veranstaltet werden konnten.

Auch heute singen die Musiker zu Beginn einer Aufführung in der Bühnenmitte, während sich die Darsteller noch auf beiden Seiten gegenübersitzen. Die unkostümierten Akteure tanzen dann nicht, sondern drücken die Stimmungen der Lieder nur durch Mimik und Handgesten aus.

Die Themen des Yakshagana setzen sich aus kurzen mythologischen Episoden (*prasaṅga*) zusammen, die aus jeweils 200 bis 300 Versen in verschiedenen Metren bestehen. Heutzutage finden etwa 120 dieser Prasaṅgas Verwendung, von denen viele aus dem 17. Jahrhundert stammen.

Die traditionellen Yakshagana-Tanzgruppen sind meist auf die Unterstützung durch Tempel und die lokale Bevölkerung angewiesen. Auch früher wurden die Tänzer im Gegensatz zu den Akteuren anderer Stilrichtungen selten von Königen und Fürsten gefördert. Seit 1971 existieren in Karnataka jedoch mindestens vier feste, zum Teil staatlich geförderte Tanzzentren wie zum Beispiel das bekannte *Yakshaganakendra* in Udupi.

Die Aufführungen fangen meist nach Sonnenuntergang an und dauern bis in die frühen Morgenstunden. Zunächst werden traditionelle Tänze des Bharata Natyam dargeboten; die Hauptdarsteller nutzen diese Zeit, um ihr aufwendiges Make-up abzuschließen. Die eigentliche Vorstellung beginnt mit einem Loblied auf Ganesha, das die gesamte Truppe in einem eigens abgetrennten Umkleidebereich singt.

48 *Yakshagana: Rāma und der besiegte Rāvaṇa*

49 *Yakshagana: Dämonenfigur*

Als Ankündigung der Darbietungen und zur Vertreibung arglistiger Geister folgt ein rhythmisches Musikstück (*śuṣkavāda*), gespielt auf einer Mṛdaṅga-Trommel und einer mit zwei Schlegeln geschlagenen, dumpf klingenden Faßtrommel (*ceṇṭā*). Der anschließende Tanz einer Art häßlichen Tölpels (*kodaṅgi*) soll ebenfalls böswillige Kräfte fernhalten.

Nun tritt der Bühnenmeister auf, im Yakshagana *Bhagavata* genannt, der eine besonders wichtige Funktion hat: Er singt den Text der mythologischen Episoden und stellt somit die Handlung des Stückes vor. Für seinen Gesangsstil ist charakteristisch, daß der Bühnenmeister in hohen Stimmlagen vorträgt und häufig melodische Phrasierungen abrupt beendet. Der Erfolg einer Aufführung hängt zu großen Teilen von der Darbietung des Bhagavata ab, da er auch die Charaktere vorstellt und während der Tänze durch gezielte Ausrufe immer wieder seine engagierte Anteilnahme am Geschehen zeigt.

Kurz nach dem Auftritt des Bühnenmeisters erscheinen zwei Tänzer, die Krishna und seinen Halbbruder Balarāma verkörpern. Sie tragen eine Krone für Ganesha und tanzen mit ihr. Danach betreten zwei Lieblingsfrauen Krishnas, Rukminī und Satyabhāmā, das Podium, um einen Tanz zur Verehrung der Bühne darzubieten.

Im Anschluß an diese Vorspiele beginnen die sogenannten Einführungstänze (Tel. *voddolaga*) der Hauptcharaktere, mit denen sie ihre Rollen vorstellen. Hinter einem halbhohen Vorhang tanzend, zeigen sie mit besonders vielen Hand- und Fingergesten Charaktereigenschaften wie Treue, Trotz oder Gerissenheit, um so das Wesen ihrer Rolle zu demonstrieren.

Nach seinem Einführungstanz wird – eine Besonderheit des Yakshagana – jeder Darsteller vom Bühnenmeister gefragt, woher er kommt und welche Aufgaben er im Stück hat. Während des Hauptteils der Aufführung singt der Bühnenmeister des öfteren einen Sanskritvers, den die Tänzer in improvisierten Selbstgesprächen oder Dialogen auf Kannaresisch wiederholen und erweitern.

Die Tanztechnik ähnelt der des Bharata Natyam, jedoch dürfen im Yakshagana nur Männer agieren. Sie tragen bizarr glitzernde, oft furchterregende Kostüme mit langen, buntgescheckten Hosen und großen, farbenfrohen Kopfbedeckungen: hohe, rote Turbane für die Götter, kleinere Turbane für die Heldenfiguren, gelbe Kronen für Könige und rote Kappen für Dämonen.

In der Morgendämmerung, wenn sich die Aufführung ihrem Ende neigt, folgen zum Teil außerhalb der Bühne etliche kürzere Tänze und Zeremonien, mit denen verschiedenen Göttern, den Gönnern der Vorstellung, ja selbst den Musikinstrumenten gedankt wird. Und wenn schließlich alle Beteiligten wiederholt lauthals »Govinda, Govinda«, einen Beinamen Krishnas, rufen, findet eine dramatische Nacht ihren fast fröhlichen Abschluß.

Die Tanzstile Keralas

Die reiche Tanztradition des südwestlichen Küstenlandes Kerala hat verschiedene Stilrichtungen hervorgebracht, welche sich gegenseitig beeinflußt und im Kathakali-Tanzstil ihren bekanntesten Vertreter gefunden haben. Der Kathakali ging unmittelbar aus den Tanzdramen Krishnanattam und Ramanattam hervor, das Kuttu- und Kutiyattam-Tanztheater sind jedoch als noch ältere Vorläufer anzusehen.

Auch alte Ritual- und Volkstänze haben die Entwicklung des Kathakali beeinflußt, etwa der Göttin geweihte Tanzspiele (wie das im Norden Keralas bewahrte Kaliyattam-Ritual und das in Süd-Kerala praktizierte Kollam-Thullal-Tanzfest), die martialischen Velakali-Kriegstänze der Nayar-Kaste in Trivandrum oder die Teyyam-Tänze im Norden Keralas. Während diese Tanzformen hier nicht erörtert werden können, ähneln die populären Solotänze Mohini Attam und Ottan Thullal dem Kathakali in einem so hohen Maße, daß sie erwähnt werden müssen.

Die Mischung aus unterschiedlichen Tanzformen macht den Kathakali zu einem der schwierigsten und vielfältigsten Tanzstile Indiens, in dem sich die traditionelle Ästhetik der Ausdrucksformen und Bewegungen mit besonders auffallenden, farbsymbolischen Kostümierungen und Maskierungen sowie spannungsvollen Themen verbindet.

Kuttu und Kutiyattam

Im Kutiyattam-Tanzstil (s. Abb. 50), der auf den Kuttu-Stil zurückgeht, hat das indische Tanzdrama in seiner klassischen Form nicht nur literarisch, sondern auch in einer kontinuierlichen Aufführungspraxis überlebt.

Kuttu-Aufführungen wurden ursprünglich nur in Tempeln und ausschließlich von Angehörigen der drei oberen Stände (*varṇa*) geboten. Die mehrtägigen solistischen Darbietungen waren den Chakyars vorbehalten, einer erblichen Kaste von Tempeldienern, die bereits in Inschriften aus den ersten nachchristlichen Jahrhunderten erwähnt werden. Dabei erzählte, sang und tanzte ein Chakyar mythologische Episoden der ›Mahābhārata‹- und ›Rāmāyaṇa‹-Epen und Purāṇa-Texte. Später ergänzten klassische Theaterstücke etwa von Kālidāsa und Harṣa das Repertoire. Der Chakyar stellte sämtliche Rollen selbst dar und bediente sich einer besonders ausgeprägten, stilisierten Mimik und Gestik.

Auch die Musik durfte nur von bestimmten Kasten gespielt werden. So intonierten Mitglieder der Nambyar-Kaste die für den Kuttu charakteristische handgeschlagene, kupferne Kesseltrommel (*miśava*), die stimmbare, mit einem Schlegel geschlagene Doppelkonustrommel Ceṇṭā oder Blasinstrumente wie die Doppeloboe Kuśāl. Hingegen war es allein Frauen der Nanjyar-Kaste vorbehalten, die kleinen Becken Kuśitalam erklingen zu lassen. Zu weiteren Eigenarten des Kuttu zählen die prachtvollen Kostüme und das farbsymbolische Make-up mit einer weißen, bartartigen Gesichtsmanschette (*cuṭṭi*).

50 Kutiyattam: Einführungstanz von Hanumān

All diese Merkmale gingen in den Kutiyattam- und später den Kathakali-Tanzstil ein. Der Kutiyattam wurde angeblich im 8. Jahrhundert unter der Perumal-Dynastie entwickelt. Besonders im 10. Jahrhundert soll König Kulaśekhara Varman aus Mahodayapur diesen Stil mit Hilfe eines brahmanischen Gelehrten namens Tholan gefördert haben.

Allerdings erfuhren die Ausdrucksformen wesentliche Verfeinerungen. So wurden die Rollen nicht mehr von einem einzigen männlichen Darsteller, sondern von einer Gruppe aus Frauen und Männern gespielt. Eine herausragende Funktion erhielt der aus dem Chakyar des Kuttu-Stils hervorgegangene Narr (*vidūṣaka*), dem es oblag, die Sanskritpartien auf Malayalam, der Volkssprache Keralas, einem weniger exklusiven Publikum zu vermitteln. Dabei bezogen sich die klassischen Themen, teilweise parodierend, auf aktuelle Probleme. Die übrigen Akteure rezitierten ihre Verse und Lieder jedoch auf Sanskrit – in einer der Vedarezitation der Nambudiri-Brahmanen entsprechenden Intonationsform.

Auch die Aufführung der Kutiyattam-Stücke dauert meist mehrere Tage, wobei der Narr die Ereignisse des vorherigen Tages erzählerisch und mimisch zusammenfaßt. Erst dann betreten, durch eine laut tönende Seemuschel angekündigt, die Hauptakteure die Bühne. Gespielt wurde ursprünglich und teilweise heute noch in besonderen, zu einem Tempelareal gehörenden Theatern, den Kutāmpalams, von denen in Kerala noch etwa ein Dutzend erhalten blieb. Auf dem Podium eines solchen Theaters befinden sich während der Aufführungen häufig ein großer zylindrischer Reisbehälter, der Nahrungsfülle symbolisieren soll, und eine hohe bronzene Öllampe, die als glückverheißend gilt.

Die Tanzspiele Krishnanattam und Ramanattam

Das Tanzspiel Krishnanattam wurde angeblich 1652 von Mānaveda, dem Herrscher von Calicut, geschaffen, nachdem ihm Krishna im Traum erschienen war. Das Stück, welches das abenteuerliche Leben des Gottes erzählt, gelangt noch heute in seiner traditionellen Form alljährlich während des Krishnajayanti-Festes (»Krishnas Geburt«) im Tempel von Guruvayor zur Aufführung, die acht bis neun Tage dauert.

Die Sanskritverse des Krishnanattam werden nicht mehr wie im Kutiyattam von den Darstellern, sondern den Musikern gesungen. So

51 Ramanattam: Szene aus dem ›Rāmāyaṇa‹-Epos

können rein rhythmische, nicht unmittelbar mit dem Inhalt korrespondierende Nṛtta-Elemente des Tanzes betont werden. Die Akteure tragen schwere hölzerne Masken oder ebenfalls die typischen Gesichtsmanschetten; anders als im Kathakali können auch Frauenfiguren in dieser Weise geschminkt werden. Die Kostüme des Krishnanattam gleichen denen des Kutiyattam.

Die Entstehung des Ramanattam-Tanzspiels hängt mit dem Krishnanattam zusammen. Es heißt, daß Kottayam Tampuran (1665–1725), der Herrscher eines nördlich von Trivandrum gelegenen Reiches, den benachbarten König Mānaveda gebeten haben soll, ihm seine Krishnanattam-Truppe auszuleihen. Als ihm dieser Wunsch ausgeschlagen wurde, schuf er kurzerhand sein eigenes Tanzspiel – eben das auf dem ›Rāmāyaṇa‹-Epos basierende Ramanattam.

Der wesentliche Unterschied zwischen beiden Dramen ist, daß das Krishnanattam auf Sanskrit und von den Chakyar-Tempelbarden, das Ramanattam (s. Abb. 51) hingegen in der Malayalam-Sprache und von Nayar-Soldaten aufgeführt wurde, wobei selbst der königliche Autor eine

Hauptrolle übernahm. Die Kriegerkaste war wegen ihres Trainings, das zum Teil auf kämpferischen Bewegungen zu rhythmischen Trommelschlägen beruhte, besonders geeignet, auch in dem mitunter artistisch-akrobatischen Ramanattam-Tanzspiel mitzuwirken.

Im Laufe der Zeit führten die Nachfolger von König Kottayam Tampuran mehrere Neuerungen ein, die später fast alle vom Kathakali übernommen wurden. So trugen die Darsteller jetzt keine Masken mehr, sondern nur noch Make-up. Außerdem wurde das Programm um zwei Teile erweitert, die sich noch heute großer Beliebtheit erfreuen: Nach dem schon von Kottayam Tampuran geschaffenen Einführungstanz (Mal. *toṭayam*) von Rāma und dessen Bruder Lakṣmaṇa erscheinen die Hauptdarsteller und tanzen hinter einem bis in Brusthöhe reichenden Vorhang eine Nṛtta-Sequenz (Mal. *purappāṭṭu*), die dem Publikum Gelegenheit gibt, sich allein auf das kunstvolle Make-up zu konzentrieren.

Die zweite Ergänzung des Programms ist ein Auftritt (Mal. *tiranokku*) der bösen Charaktere, die, begleitet von rasenden Trommelwirbeln, den Vorhang herunterziehen und dem Publikum kurz den Gesichtsausdruck zeigen, der in dem folgenden Tanz die Grundstimmung bildet.

Außerdem wurde ein zweiter Sänger eingeführt. Der erste Sänger (Mal. *ponnāni*) hält, während er singt, den Grundrhythmus, indem er zusätzlich mit einem Stock einen Gong schlägt. Sein Partner (Mal. *sankidi*) wiederholt die Lieder und benutzt in schnellen Tempi ein kleines Beckenpaar. In einem ebenfalls angeblich von Kottayam Tampuran geschaffenen Zwischenspiel (Mal. *melappadam*) wird den Musikern auch Gelegenheit gegeben, ihr Können bei einer Verbindung von Liedern aus dem ›Gītāgovinda‹ mit reinen Trommelsoli zu Gehör zu bringen.

Der Kathakali

Der Kathakali-Stil in seiner heutigen Form enstand, nachdem seit Ende des 17. Jahrhunderts das Ramanattam-Tanzspiel mit anderen Stoffen als denen aus dem ›Rāmāyaṇa‹ ergänzt wurde (s. Farbabb. 6–13). Besonders der Maharaja von Travancore, Karttika Tirumal (1725–98), und seine

52 Kathakali: Rāma und Hanumān ▷

Hofkünstler traten unter den Autoren der über einhundert verschiedenen Tanzdramen hervor. So verfaßte der Maharaja einen tanztheoretischen Text, ›Balarāma Bhāratam‹, der zahlreiche choreographische Details enthält. Im 18. Jahrhundert wurden auch die Gesichtsausdrücke und Handgesten in einem bekannten Text, der ›Hastalakṣaṇadīpikā‹, systematisiert. Im Kathakali haben solche vergleichsweise späten Schriften eine größere Bedeutung als das alte ›Nāṭyaśāstra‹.

Wegen mangelnder königlicher Förderung drohte auch der Kathakali Mitte des 19. Jahrhunderts in Vergessenheit zu geraten. Jedoch erfuhr dieser Tanzstil durch den Lehrer Vallatol Narayana Menon (1878–1958) eine Renaissance. Mit einer Lotterie schuf Menon die finanziellen Voraussetzungen für die Gründung der heute staatlich geförderten Tanzakademie *Kathakali Kalamandalam* in Cheruthuruthy nahe Cochin, die er zusammen mit dem Tanzmeister Manakkulam Mukunda Raya Tamburan 1937 eröffnete.

Zu den bekanntesten Institutionen dieser Art zählen auch das von dem Meister Chengannur Raman Pillai gegründete Tanzzentrum *Kalabharati* in Pakalkuri bei Trivandrum, die *Sangeet Natak Akademi* in Trichur sowie das von Kunju Gurup geleitete *Vishwa Kala Kendra* in Ernakulam. Außerhalb Keralas wird der Kathakali besonders in dem *Kalakshetra* und *Natana Niketanam,* beide in Madras, sowie in der Tanzschule *Darpana* in Ahmedabad gepflegt. Mitglieder dieser und anderer Institutionen reisen um die ganze Welt, so daß der Kathakali zu den auch außerhalb Indiens bekanntesten Tanzformen gehört.

Aufführungspraxis

Der einheimischen Tradition zufolge gelten die Darbietungen des Kathakali, die bis in das kleinste Detail mit Symbolismen überhäuft sind, als eine Imitation der Welt. So repräsentiert die Bühne je nach Szenerie den Himmel, die Erde oder die Unterwelt. Von den Dochten der großen, auf dem Podium plazierten Öllampe gilt der längere als die Sonne, der kürzere, dem Publikum zugewandte, als der Mond.

Die Spiele beginnen nach Sonnenuntergang mit einer formellen Ankündigung (Mal. *kelikoṭṭu*), bei der alle Musikinstrumente im Tempelbezirk ertönen. Auch dies ist symbolisch zu verstehen, da in der hinduistischen Philosophie der Ton als erste Manifestation des Lebens gilt, die Trommel hingegen als Auflösung des Universums und zugleich Beginn eines neuen

53 *Kathakali: Rāma im Ausdruck von Freude*

Lebenszyklus. Zwei Sänger, die ausschließlich von Rhythmusinstrumenten begleitet werden, tragen devotionale Lieder und Verse vor. Eindringlich vernehmbar ist der dumpfe Klang der mit einem Schlegel rechts geschlagenen, zylindrischen Ceṇṭā-Faßtrommel. Daneben wird die stimmbare, ebenfalls faßförmige, aber handgeschlagene Maddala-Trommel verwendet. Wie im Kutiyattam spielt der erste Sänger einen Gong, der zweite ein Beckenpaar.

Während des musikalischen Vorspiels, das bis zu einer Stunde dauern kann, kostümieren und schminken sich die Tänzer (s. Farbabb. 7). Durch dieses zeitraubende Ritual verwandeln sich die Akteure gewissermaßen in die übernatürlichen Figuren ihrer Rollen. Besonders das Make-up mit seiner ausgeprägten Farbsymbolik führt zu einer derartigen Transformation, nach der die Darsteller nicht mehr mit ihrem persönlichen Namen, sondern nur noch mit ihrem Götternamen angeredet werden dürfen.

Das Make-up entspricht der klassischen Dreiteilung aller Eigenschaften (*guṇa*) in reine, göttliche (*sāttvika*), leidenschaftlich-menschliche (*rājasika*) und finster-dämonische (*tāmasika*).

Grüne Farbe, die den Sāttvika-Aspekt symbolisiert, wird den Darstellern von Götter- und Heldenfiguren über Backenknochen und Kinnlade geschminkt. Das Gesicht ist dabei von der weißen, aus Reispaste bestehenden Gesichtsmanschette eingerahmt, die im Liegen aufgetragen wird und über eine Stunde lang trocknen muß. Die Augen und Augenbrauen dieser Akteure werden mit schwarzer Farbe verlängert, der Mund rot und die Stirn weiß angemalt. In die Stirnmitte werden je nach Figur kleine, kreisrunde Zeichen in gelber oder roter Farbe gesetzt. Für einige männliche Rollen sind zur Unterstreichung der Handgesten verlängerte silberne Fingernägel vorgeschrieben.

Die Kopfbedeckung der »reinen« Charaktere besteht aus einer hohen, mit Edelsteinen und goldenen Kordeln besetzten Krone, hinter der eine kreisrunde, gold-rote Scheibe, die einem großen Heiligenschein ähnelt, angebracht ist. Einige Gottheiten wie Krishna, Rāma oder Lakṣmaṇa tragen kleinere, mit Pfauenfedern und Edelsteinen geschmückte Kronen. An den weiß-roten Kostümen dieser edlen Charaktere hängen mehrere weiße Schals, die unten mit bunt bestickten Rüschen versehen sind, sowie ein rotes Halstuch, an dem Spiegelchen baumeln.

Die Darsteller der »leidenschaftlich-menschlichen« Charaktere, die ebenfalls weiße Gesichtsmanschetten tragen, versieht man mit einem sogenannten »Messer«-Make-up (Mal. *katti*). Hierbei unterbrechen messerförmige rote Muster, eingerahmt von weißen Strichen längs der Backenknochen, die grüne Gesichtsbemalung. Weiße Nasenbälle sowie ein roter Schnäuzer kennzeichnen einige dieser Figuren besonders. Mitunter sind auch lange künstliche Zähne in ihrem Mund versteckt, die nur bei der Darstellung zorniger Stimmungen zum Vorschein kommen.

Ein besonders »leidenschaftlicher« Charakter wird mit einem längeren Messermuster geschminkt, seine Augenbrauen sind rötlich angemalt, und er trägt mitunter einen schwarzen Bart. Überhaupt zeigt die Farbe des Bartes vielfach den Typus einer Rolle an: So ist ein weißer, wolliger Bart dem Affengott Hanumān vorbehalten (s. Abb. 52).

Rote Bärte hingegen werden nur von »finster-dämonischen« Figuren getragen. Ihre obere Gesichtshälfte und die Lippen sind schwarz, die untere Gesichtshälfte und Teile der Stirn rot geschminkt. Sie setzen statt der Gesichtsmanschette eine breite, weiße, kammartige Teilmaske auf, welche die Backen einrahmt. Ihre Kopfbedeckung ähnelt der der »reinen, göttlichen« Figuren.

Neben dem unterschiedlichen Make-up tragen die Charaktere häufig noch Gegenstände, durch die sie von indischen Zuschauern trotz zahlreicher Varianten in Maskierung und Kostümierung schnell identifiziert werden können. So kennzeichnet außer Pfeil und Bogen auch eine aus Pfauenfedern gebundene zylindrische Kopfbedeckung, welche sich nach oben hin öffnet, die so häufig in den Tanzdramen auftretenden Jäger. Die Dämonin Pūtanā erkennt man an ihren weit vorstehenden Brüsten – sie versuchte in einem Mythos, den Säugling Krishna mit giftiger Muttermilch zu stillen, war aber selbst dabei umgekommen, weil der kleine Gott mit der Milch ihr Leben aussaugte. Für Heilige wiederum ist langes Haar charakteristisch, für Boten ein schlichter Turban, für Brahmanen, die im täglichen Leben ihren Kopf nicht bedecken, ein einfaches Stirnband.

Die aufwendige Vorbereitung der Darsteller endet gegen acht oder neun Uhr abends, wenn sich bereits viele Zuschauer eingefunden haben und die eigentliche Aufführung mit dem Anzünden einer Öllampe auf der Bühne beginnt. Unmittelbar darauf folgt der Einführungstanz (Mal. *toṭayam*), bei dem zwei Akteure hinter einem Vorhang zur Begleitung der Maddala-Trommel tanzen (s. Farbabb. 9). Hier sollen sich »Illusion« (*māyā*) und »weiblich-göttliche Energie« (*śakti*) zu einem himmlischen »Spiel« (*līlā*) verbinden. In einem weiteren Präludium (Mal. *purapāṭṭu*) stellen sich die Hauptdarsteller hinter dem halbhohen Vorhang dem Publikum vor, indem sie eine Nṛtta-Sequenz tanzen.

Nach einem musikalischen Zwischenspiel (Mal. *melappadam*) tragen die Sänger die Eröffnungsverse des Dramas vor, das erst nach Sonnenaufgang endet. Dabei singen sie zunächst die Sanskritverse ohne Rhythmusbegleitung in verschiedenen Metren und Tempi. Erst danach setzen die Tänzer in Gestensprache und Mimik die Sanskritverse improvisierend um. Die im Stück enthaltenen Versdialoge in der Malayalam-Sprache werden ebenfalls gesungen, jedoch unter Begleitung der Rhythmusinstrumente und der Tänzer. Sie bilden jeden Vers sofort zweimal nach, indem zunächst dessen Stimmung sowie einzelne Schlüsselwörter dargestellt und dann mit teilweise längeren Nṛtta-Passagen abgeschlossen werden.

Die einzelnen Rollen des Kathakali unterscheiden sich hinsichtlich ihrer Ausdrucksformen. »Reine, göttliche« Charaktere etwa bewegen sich würdevoll und öffnen niemals den Mund, selbst wenn sie lachen. »Leidenschaftlich-menschliche« Figuren hingegen dürfen sich laut äußern; sie girren in Liebesszenen wie Vögel oder brüllen in kämpferi-

schen Episoden. »Finster-dämonische« Wesen strecken gar die Zunge heraus oder zeigen die künstlich verlängerten Zähne.

Von solchen Besonderheiten abgesehen, ist jedoch die Tanztechnik des Kathakali für alle Charaktere gleich. Es bedarf eines harten, langjährigen Trainings, bei dem viele Positionen immer wieder neu eingeübt werden müssen, um sämtliche für diesen Stil vorgeschriebene Körperbewegungen zu beherrschen. Allein die Grundhaltung ist schwierig genug: Die Tänzer stehen mit aufgerichtetem großen Zeh und seitlich gebogenen Beinen auf den äußeren Kanten der Fußsohlen!

Die choreographischen Muster sind quadratisch und rechteckig, eher schwer und behäbig als leichtfüßig, auch wenn artistische Spiraldrehungen und hohe Sprünge vorkommen. Oft tanzen die Darsteller auch in rechtwinklig eingeknickten Beinstellungen. Eine solche auch in Odissi- und Chhau-Tänzen verwendete Haltung gilt als besonders heroisch.

Großen Raum nimmt das mimische Training ein. Jeden Tag wird mehr als zwei Stunden lang geübt, die Augen in zwei verschiedene Richtungen blicken zu lassen, oder die Augenlider möglichst lange geöffnet zu halten. Alle Gesichtsmuskeln müssen beherrscht werden. Bei dem Rasa »Furcht« (*bhaya*) etwa sollen die Augenbrauen erst einzeln, dann zusammen nach oben gewölbt werden, die Augenlider aufgerissen sein und die Pupillen wirr rollen. Zudem müssen die Nasenflügel weit geöffnet, die Lippen zusammengekniffen werden und die Backen zittern. Ähnlich schwierig ist es, die vielen Handgesten in all ihren Kombinationen zu beherrschen.

Insgesamt bildet der Kathakali eine einzigartige Mischung aus kompliziertester Tanztechnik, subtiler Gestensprache und Mimik, symbolbeladener farbenfroher Garderobe und Maskierung sowie einer vielfältigen Thematik. Nicht zuletzt deshalb gehört er zu den auch im Ausland beliebtesten klassischen Tänzen Indiens.

Die Solotänze Mohini Attam und Ottan Thullal

Die Solotänze Mohini Attam und Ottan Thullal ähneln dem Kathakali in ihren Tanzformen. Die Aufführungen sind jedoch kürzer – der Männer-

◁ 54 *Mohini Attam: Einführungstanz*

tanz Ottan Thullal beispielsweise dauert nur etwa zwei Stunden –, volkstümlicher und verwenden in ihren Texten allein die Malayalam-Sprache. Die Kostümierungen sind weniger üppig; so trägt beim Frauentanz Mohini Attam die Tänzerin nur einen einfachen Sari mit passender Bluse (s. Abb. 54). Und auch das Make-up ist längst nicht so vielfältig wie im Kathakali. Tanzbewegungen, Gesten und Mimik entsprechen einander jedoch weitgehend, auch wenn sie für die beiden Solotänze weniger streng systematisiert und stilisiert sind.

Der Mohini Attam, der Tanz (Mal. *aṭṭam*) der göttlichen Verführerin Mohinī, entwickelte sich aus der Tradition der Tempeltänzerinnen, die seit dem 9. Jahrhundert auch in Kerala nachweisbar ist. Obwohl ursprünglich nur von Frauen der Nayar-Kaste dargeboten,war der selten aufgeführte Mohini Attam eher ein höfischer als ein Tempeltanz, der mit dem Machtverlust lokaler Fürsten und Könige wie viele andere Tanzstile Indiens beinahe in Vergessenheit geraten wäre. Lediglich von dem Tanzmeister Vallatol Menon ist bekannt, daß er dem Mohini Attam an seiner Schule *Kerala Mandalam* zu einer Renaissance verhalf.

Der Ottan Thullal hingegen wird noch heute in Kerala an vielen Orten und in zahlreichen Varianten gepflegt. Kunjan Nambyar, ein Dichter und Musiker am Hofe von König Ambalapuja, entwickelte angeblich im 18. Jahrhundert diesen solistischen Männertanz. Es heißt, ein Chakyar-Tempelbarde habe während einer Kuttu-Vorstellung Kunjan Nambyar wegen eines falschen Tons lächerlich gemacht. Am folgenden Tag habe dieser seinen eigenen Tanz, den Ottan Thullal, im Tempel vorgeführt und dabei die Zuschauer einer gleichzeitig stattfindenden Darbietung von Kuttu-Tänzen scharenweise angezogen.

Diese Legende verdeutlicht ein wesentliches Merkmal des Ottan Thullal: seine Volkstümlichkeit. Es ist ein Tanz des Volkes, voller leicht verständlicher, meist nur mündlich überlieferter Stoffe und Balladen mit humoristischen, teils sogar sozialkritischen und frechen Elementen. Die kurzen Vorstellungen finden in der Regel nachmittags statt, bei Tempelfesten oder zu privaten Anlässen wie Hochzeiten oder Geburten.

Der Sänger-Tänzer wird von einem Maddala-Trommler, einem Bekkenspieler und einem Harmonium begleitet (s. Abb. 55). Zunächst singt er, tanzt dann jedoch in immer schnelleren Tempi, wobei er manchmal scherzend in das Publikum springt. Das Gesicht des Akteurs ist weiß und grün geschminkt, die Lippen und Augenbrauen sind rot angemalt. Er trägt einen weiten bunten Rock, eine halbmondförmige Krone, eine reich ornamentierte Brustplatte und ebenso dekorative Epauletten.

Die beiden Varianten des Ottan Thullal, der Sithankam- und der Parayan-Thullal, zeichnen sich durch leicht veränderte Kostüme und langsamere, graziösere Tanzformen aus.

55 Ottan Thullal: Tanz mit karikierenden Einlagen

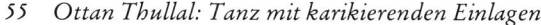

Die nordindischen Kathak-Tänze

Der vor allem im Herzen Nordindiens, im Punjab und in dem heutigen Bundesstaat Uttar Pradesh, verbreitete Kathak-Tanzstil entwickelte sich seit etwa dem 13. Jahrhundert mit der Bhakti-Bewegung, als herumziehende Geschichtenerzähler und Barden vor allem unter Bauern und Handwerkern ihr Publikum fanden. Die Barden stammten aus Kasten, deren erblicher Beruf es war, in den regionalen Volkssprachen devotionale Lieder (Hind. *kīrtan*) zu singen und tänzerisch darzustellen. Eine solche Gruppe, die Kathakas, gab denn auch dem Kathak-Stil seinen Namen.

Ursprünglich griffen die meisten Lieder, die vor Tempeln gesungen wurden, Themen aus dem Leben Vishnus oder Krishnas auf. Mit der islamischen Eroberung Nordindiens änderte sich dies jedoch. Nach der Gründung des Sultanats von Delhi im Jahre 1206 begann die Jahrhunderte währende Herrschaft der muslimischen Araber, die unter den Großmoguln Akbar (1556–1605) und Aurangzeb (1658–1707) ihren Höhepunkt fand. Tiefgreifende kulturelle Veränderungen konnten nicht ausbleiben, und daher stand kein Tanzstil Indiens so sehr unter islamischem Einfluß wie der Kathak.

Eine grundlegende Neuerung war zum Beispiel, daß nun die Barden ihre Künste überwiegend an den Höfen der Eroberer darboten, wo sie mit persischen und arabischen Künstlern zusammentrafen. Durch deren Einfluß änderten sich die Themen sowie die Musik des Kathak erheblich, weniger allerdings die Tanzform. Hinduistische Dichter wie etwa Jayadeva, dessen ›Gītāgovinda‹ auch im Norden des Landes schnell Verbreitung fand, oder der in Bengalen einflußreiche, eine hingebungsvolle Verehrung Krishnas predigende Caitanya (1485–1534?) gaben jedoch auch weiterhin die thematischen Vorlagen für die Tänze. Zu ihnen gesellten sich Poeten wie der angeblich aus einer islamischen Weberfamilie in Benares stammende Kabīr (um 1500 n. Chr.) und der am Hofe Akbars wirkende Dichter Tulsīdās, der wegen seiner Hindi-Version des ›Rāmāyaṇa‹, des ›Rāmcaritmānas‹, große Beliebtheit erlangte.

Da diese Künstler dem Islam gegenüber aufgeschlossener waren, lehnten sie zum Beispiel die rigorosen Kastengrenzen des brahmanischen Hinduismus ab. Neben religiösen Themen kamen im Kathak verstärkt nun auch weltliche Stoffe zur Geltung. Es ist vermutlich der besonderen historischen Situation seiner Entstehung zuzuschreiben, daß im Kathak die rein tänzerischen Elemente vergleichsweise deutlicher akzentuiert sind als in anderen Tanzstilen.

Der Kathak wurde seit dem 18. Jahrhundert vornehmlich an drei Orten weiterentwickelt. In Jaipur, Rajasthan, lebte eine Sippe (Hind. *gharānā*), deren Mitglieder ursprünglich den kraftvollen shivaitischen Tāṇḍava-Tanz pflegten, dann jedoch nach Brindavan zogen und Krishna-Anhänger wurden. Diese *Jaipur Gharana* genannte Schule zeichnet sich in erster Linie durch ihre schnelle Fußarbeit und Rhythmik aus.

Eine weitere Tänzerfamilie, die *Lucknow Gharana,* wurde besonders vom letzten Nawab von Oudh, Vajid Ali Shah, und dessen Hoftänzer Thakur Prasad gefördert. Der Nawab gründete eine vornehmlich durch lyrische Elemente gekennzeichnete Tanzschule, in der die schönsten Tänzerinnen der Region zusammengerufen wurden. An seinem Hof schrieb auch der Dichter Sayed Agha Hassan Amanat das beliebte Tanzdrama ›Inder Sabhā‹. Ein Nachfolger Thakur Prasads namens Bhriju Maharaj (s. Abb. 56) lehrt noch heute an der *Kathak Academy* in New Delhi.

Aus der Jaipur-Tradition stammt die dritte Tänzerfamilie, die *Janki Prasad Gharana,* benannt nach ihrem einstmaligen Oberhaupt, dessen Söhne und Nachfolger allerdings vor allem in Benares und Lahore wirkten. Sie legten großen Wert auf klare, eher langsame Nṛtta-Elemente und ließen in der Fußarbeit skandierte Lautsilben zu, während in den beiden anderen Richtungen ausschließlich zu Rhythmusinstrumenten getanzt wird.

Zu Beginn dieses Jahrhunderts wurde der Kathak-Tanz auch von dem in Raigarh, Madhya Pradesh, herrschenden Fürsten Chakradhar Singh gefördert, nachdem er lange Zeit in Vergessenheit zu geraten drohte. Zu den Pionieren der Kathak-Renaissance gehörte ebenso die berühmte Tänzerin Menaka (1899–1947), die als Tochter eines Brahmanen von der geächteten Kaste der Palasttänzerinnen unterwiesen worden war und bereits 1926 in Bombay auftrat. Ihre zahlreichen Auslandstourneen

brachten sie 1936 zur Internationalen Tanzolympiade nach Berlin, wo sie drei Preise gewann. Kurz darauf eröffnete sie im Jahre 1938 das Tanzzentrum *Natyalaya* in Khandala bei Bombay, in dem unter anderem ihre zahlreichen eigenen Choreographien zur Aufführung gelangten. Heute wird der Kathak (s. Abb. 56–58) auch an vielen anderen Tanzzentren und -hochschulen Indiens gelehrt.

Aufführungspraxis

Kathak-Vorstellungen beginnen meist mit einer Anrufung Ganeshas (*gaṇeśavandana*) durch einen Sänger, den ein Musiker auf der Tablā oder der Pakhvāj, einer lang-zylindrischen stimmbaren Doppelkonustrommel, begleitet. Dabei kommt bereits ein rhythmisches Merkmal des Kathak zur Geltung, das auch aus dem Bharata Natyam bekannt ist. So wird der Grundrhythmus (*tāla*) durch lautsilbisch erfaßte Trommelvariationen (Hind. *bol*) und vom Sänger skandierte Lautsilben (Hind. *padhant*) durchbrochen. Diese Padhants faßt man zu kleinen Versen (Hind. *thorā*) zusammen, die in stets schneller werdenden rhythmischen Sequenzen enden und jeweils dreimal wiederholt werden.

Die Akteure tanzen zu diesen Rhythmen auf den flachen Füßen und den Zehen und nicht wie in einigen südindischen Tanzstilen auf der äußeren Kante der Fußsohlen. Diese Fußarbeit ist im Kathak außerordentlich variationsreich. Trommler und Tänzer spornen sich immer wieder zu neuen, teilweise gegenläufigen Improvisationen des Rhythmus an, treffen aber auf den ersten Schlag einer Taktsequenz wieder zusammen.

Die Tänzer tragen bis zu 150 Glöckchen und Schellen an den Füßen, die gleichzeitig oder bei besonders guten Künstlern sogar einzeln erklingen, wenn sie ihre vielen Drehungen, Sprünge und Pirouetten ausführen. Dabei versuchen die Akteure nach Möglichkeit, eine vertikale Position beizubehalten. Kennzeichnend für den Kathak ist weiterhin, daß die differenziertesten Elemente – die ausdrucksstarken Abhinaya-Teile – oft in einer ruhigen Grundposition mit geschlossenen Füßen oder gar sitzend, fast nur mit Hand-, Finger- und Armbewegungen sowie einer sparsamen Mimik ausgeführt werden.

◁ *56 Kathak/Raslīlā-Tanz: Krishna mit Kuhhirtinnen, Tänzer: Bhriju Maharaj*

57 Kathak: Wechsel von Tanzpositionen (palta), Tänzerin: Uma Sharma

Der Kathak wird von Frauen und Männern getanzt – häufig, aber nicht ausschließlich als Solotanz, wobei die Akteure den Wechsel der verschiedenen Charaktere durch eine besondere Seitwärtsbewegung andeuten: Sie drehen sich über einen Fuß aus einer halb dem Publikum abgewandten Position in die korrespondierende Stellung auf der anderen Seite.

Nach dem Präludium, der Begrüßung Ganeshas, wird die Bühne von den Darstellern mit Blumen und Weihrauch verehrt. An muslimischen Höfen ersetzt eine islamische Eröffnungsszene (Hind. *salām*) diese Vorspiele: Die leicht gebogene rechte Hand wird zur Stirn geführt, wobei sich der Tänzer nach vorne neigt und dann aus langsamen Augen-, Schulter- sowie Armbewegungen unter dem Zuruf von Lautsilben und zum Klang der Pakhvāj-Trommel einen Tanz (Hind. *āmad*) entfaltet.

Nun schließen einige mehr oder weniger kurze Tänze an, deren Programmfolge nicht eindeutig festgelegt ist. Ein wildes Stück (Hind. *nāṭvarī*) zeigt, wie Krishna triumphierend auf dem Schlangendämon Kāliya tanzt. Andere Sequenzen sind thematisch weniger gebunden und

58 Kathak: Sehnsucht nach dem Geliebten, Tänzerin: Uma Sharma

eher tänzerisch angelegt, etwa die virtuosen Tukras und Paraṇas, von denen die Kathak-Tänzer bis zu einhundert beherrschen. Hierbei kommt es vor allem darauf an, schnell auf den Zuruf harter, nicht mit Aspiration artikulierter Lautsilben tanzend zu reagieren. Ähnliche, allerdings etwas ruhigere Tänze heißen Paramelu und Kramālaya.

Zum Programm gehören auch Tänze zu religiösen, im Hindustani-Musikstil vorgetragenen Gedichten. Dhrupad etwa ist ein strenger, am Hofe des Fürsten von Gwalior, Raja Man Singh (1486–1525), entwickelter Gesangsstil mit genau festgelegtem Modus, der ursprünglich in der Bhraj-Sprache gesungen wurde. Vergleichbare Musik- bzw. Tanzstücke wie Dhamar, Hori, Pada oder Bhajan unterscheiden sich weniger durch ihre Themen, die sich meist auf Krishna beziehen, als vielmehr durch die Metren und Anzahl der Verse sowie ihre musikalischen Grundstimmungen und Melodien.

Unter muslimischem Einfluß standen neben dem Dhrupad auch etliche mystische Liebesgedichte. Thumrī und Dādarā sind unbeschwerte, lyrische Gesangs- und Tanzstücke, die sitzende Tänzer zu Beginn nur mimisch und mit Handgesten unterstreichen, erst danach wird der Rāga tänzerisch dargestellt. Die Gedichtform Ghazāl gab einem ähnlichen Tanzstil seinen Namen; allerdings wird die Lyrik nicht auf Hindi, sondern in der Urdu-Sprache vorgetragen.

Gāts sind eine weitere, äußerst beliebte Eigenart des Kathak. In den wortlosen, expressiven Episoden aus dem Leben Krishnas stellen die Tänzer mehrere Charaktere dar. Sie beginnen mit einer Einführung, in der das Thema gestisch präsentiert wird, und gehen dann in höchst variable Tanz- und Ausdrucksformen über.

Die Aufführungen enden meist mit einem fulminanten Schlußstück, bei dem sich Tänzer und Trommler gegenseitig zu schnellen rhythmischen Improvisationen anspornen. Am Höhepunkt des Stückes geht die Sāraṅgī-Geige im Klang der Glöckchen und des Fußstampfens unter.

Die aus dem Bhraj-Distrikt stammende folkloristische Raslīlā – ein besonderer Tanz des Kathak – wird anders als die übrigen Stücke in Gruppen aufgeführt und im Chor gesungen. Die Raslīlā beginnt mit einer Verehrung Krishnas und Rādhās, bei der die Gopīs, Krishnas Kuhhirtinnen, im Kreis um das Götterpaar tanzen (s. Abb. 56). Diesem Rundtanz *(rasamaṇḍala)* folgen religiöse Belehrungen der Gopīs durch Krishna, durchsetzt mit vielen devotionalen Liedern und Gedichten. Der dritte und letzte Teil, das »Göttliche Spiel« *(līlā),* zeigt Szenen aus Krishnas Leben. Tänzer und Tänzerinnen formen unter anderem ein Szenenbild (Hind. *jhaṅkī),* bei dem Krishna und Rādhā in der Mitte stehen und vom Publikum verehrt werden. Wie so vieles im Kathak findet auch dieses Bild in der nordindischen Miniaturmalerei eine Entsprechung.

Der Odissi-Solotanz in Orissa

Erst in den letzten Jahrzehnten erlangte der im nordöstlichen Bundesstaat Orissa entstandene und nach ihm benannte Odissi-Tanz die ihm gebührende Anerkennung als klassischer, auf dem ›Nāṭyaśāstra‹ basierender Tanzstil. Seine Ursprünge lassen sich sogar in vorchristliche Zeiten zurückverfolgen, als dieser Text noch gar nicht verfaßt worden war.

Tanzpositionen, die für den Odissi typisch sind, fanden in dem alten Stupa von Bharhut oder in den bei der Landeshauptstadt Bhubaneshwar gelegenen Höhlenbauten Udayagiri und Khandagiri Darstellung. Auch das ›Nāṭyaśāstra‹ spricht schon von der Tanzkunst der Odras – eine alte Bezeichnung der Bewohner des heutigen Orissa.

Zahlreiche Inschriften und Tempelbauten, die mitunter noch die ursprünglichen Tanzbühnen und -hallen enthalten, bezeugen seit dem 7. Jahrhundert n. Chr. die lange Tanztradition des Odissi, die unter der Herrschaft der Gaṅga-Dynastie vom 12. bis 16. Jahrhundert einen Höhepunkt erlangte. Der erste dieser Könige, Codagaṅga (Anfang des 12. Jahrhunderts), veranlaßte etwa den Bau des Jagannāth-Tempels in Puri, eines der meistverehrten Heiligtümer Indiens, dessen bildliche Darstellungen zahlreiche klassische Tanzpositionen aufweisen.

Einer der Nachfolger von Codagaṅga, Narasiṃha I. (1238–64), errichtete nördlich von Puri den großen Tempel von Konarak, an dem mehrere Hundert Tänzer(innen) und Musiker beschäftigt gewesen sein sollen. Das dem Sonnengott Sūrya geweihte Heiligtum erlangte vor allem wegen seiner erotischen Skulpturen an den Außenwänden Berühmtheit, für die Tanzkunst bedeutsamer sind jedoch auch hier die zahlreichen typischen Odissi-Haltungen der Figuren.

Unter der Gaṇapati-Dynastie, die den Gaṅga-Königen folgte, nahm die Beschäftigung von Tempeltänzerinnen, in Orissa Mahar̄is genannt,

59 Die Tänzerin Aloka Panikar in einer Haltung des Odissi ▷

zu. Von König Pratāparudra (1467–97) wird berichtet, daß er dem Jagannāth-Tempel Land geschenkt habe, aus dessen Erträgen eine tägliche Aufführung des ›Gītāgovinda‹ durch die Maharīs bezahlt werden sollte. Der Status der Tempeltänzerinnen, die ein streng isoliertes, von Priestern beschütztes Leben führten, hing davon ab, ob sie im Inneren des Tempels vor dem Heiligtum tanzen oder nur untergeordnete Dienste verrichten durften.

Auch in Orissa starb wegen des nachlassenden königlichen Schutzes und der Ächtung durch die britische Kolonialmacht die Tradition der

60 *Die Tänzerin Sanjukta Panigrahi in einer Haltung des Odissi*

Tempeltänzerinnen nahezu aus, obwohl auch heute noch einige ältere Maharīs dem Tempel dienen. Es ist vermutlich orthodoxen Brahmanen aus Puri zu verdanken, daß in jüngster Zeit die Tanzkunst der Maharīs wiederbelebt werden konnte. Sie lehnten den Frauentanz ab und führten deshalb im 17. Jahrhundert den sogenannten Gotipua-Tanz ein, bei dem Männer in Frauenkleidern auftraten. Später wurde diese Tanzform, die sich vom ursprünglichen Odissi vor allem durch höchst akrobatische Elemente unterscheidet, auch außerhalb von Tempeln, an Höfen und bei öffentlichen Festen praktiziert.

61, 62 *Die Tänzerinnen Madhavi Mugdal und Sanjukta Panigrahi in verschiedenen Haltungen des Odissi*

63 Die Tänzerin Madhavi Mugdal in einer Haltung des Odissi

Auf der Grundlage des Gotipua-Tanzes und alter Zeugnisse haben engagierte Tanzmeister – der wohl bekannteste unter ihnen ist Kelucharan Mahapatra – den Odissi rekonstruiert und der Nachwelt erhalten. Heute wird er vornehmlich an der *Sangeet Natak Akademi* in Bhubaneshwar und dem *Orissa Sangeet Parishad* in Puri gepflegt. Zu seinen bedeutendsten Interpreten gehören die Tänzerinnen Minati Mishra, Sanjukta Panigrahi und Aloka Panikar (s. Abb. 59–64).

Aufführungspraxis

Odissi-Tänze werden überwiegend von Frauen als Solodarbietungen aufgeführt. Die Tänzerinnen tragen traditionelle Kostüme: einen Seidensari im Webstil Orissas mit passender Bluse, eine fächerförmig gebundene Schürze und einen aus kleinen silbernen Plättchen bestehender Gürtel, der doppelt um die Hüfte gewickelt ist. Blumen kränzen das zu einem Knoten hochgesteckte Haar, das häufig ein Diadem schmückt.

64 Die Tänzerin Sanjukta Panigrahi in einer Haltung des Odissi

Das Gesicht der Tänzerinnen wird einfach geschminkt, nur die Augen und Augenbrauen sind mit schwarzer Farbe betont und in Form eines Fisches verlängert. Die Fingerspitzen und Handflächen tragen wie im Bharata Natyam rote Farbmuster.

Das Programm des Odissi besteht aus mehreren ineinander übergehenden Teilen unterschiedlicher Länge. Die Darbietung beginnt mit einem Entree *(bhūmipraṇām):* Die Tänzerin steht still auf der Bühne, bevor sie, begleitet von zugerufenen Lautsilben und der Mardala-Trommel (eine Variante der nordindischen Pakhvāj), Blumen auf das Podium streut. Es heißt, die Tänzerin bitte damit um Vergebung, daß sie fortan auf Mutter Erde *(bhūmi)* stampft und tritt.

Es folgt eine Anrufung der bevorzugten Schutzgottheit *(iṣṭadevatāvandana),* bei der ein Sänger einen Vers intoniert, dessen Inhalt die Tänzerin durch Abhinaya-Elemente unterstreicht. Erst mit dem Einsetzen der Trommel und der Lautsilben tanzt sie auch Nṛtta-Passagen, in deren Verlauf sie die Götter, den Guru und das Publikum mit der Añjali-Geste, also mit flach aneinandergelegten Händen, grüßt.

Der nächste Programmteil, ein nach einer furchterregenden Erscheinungsform Shivas, Baṭuka Bhairava, benannter Tanz *(baṭu-nṛtya)*, huldigt diesem Gott mit fast ausschließlich rhythmischen Tanzelementen. Die Akteurin stellt, zunächst allein begleitet von Trommeln und Lautsilben, das Spiel verschiedener Musikinstrumente wie der Flöte oder der Langhalslaute Vīnā stilisiert dar. Ursprünglich wurden dann 16 traditionelle Verehrungsformen Shivas tänzerisch dargeboten, heute sind es meist nur fünf: Begrüßung, Blumen, Weihrauch, Lichter und vegetarische Speise.

In diesem Programmteil kommt die ganze Breite der Tanztechnik des Odissi zur Geltung. Der klassische Text ›Abhinayacandrikā‹ des Maheśvara Mahāpatra aus dem 15. Jahrhundert erwähnt bereits viele Bewegungen und Haltungen als »Tanzkunst Orissas« *(odranṛtya)*. Ein besonderes Merkmal des Odissi ist die dreifache Beugung des Körpers, eine auch bei zahlreichen hinduistischen Skulpturen klassische Haltung. Bei dieser sogenannten Tribhaṅga-Position werden Beine, Hüfte und Kopf wie zu einer S-Kurve geformt.

Zu weiteren typischen Haltungen des Odissi gehören die Grundposition (Or. *chauka*), in der die Füße nach außen gedreht und die Beine rechtwinklig angezogen werden, die Säulenposition *(stambhabheda)*, bei der in aufrechter Körperhaltung der große Zeh des rechten Fußes auf den des linken gelegt wird, oder die akrobatische »Wagenrad«-Figuration, in der die Tänzerin auf dem Bauch liegend hinter ihrem Rücken mit den Händen die Füße festhält.

Bei den Körperbewegungen fällt auf, daß man überwiegend auf der Ferse tanzt, vor allem wenn die Tänzerin kraftvoll stampfend vor- und rückwärts schreitet, um eine neue Sequenz einzuleiten. Diese Schrittfolgen sind im Odissi genau festgelegt und beschreiben häufig geometrische Muster eines Quadrats oder Kreises, einer Spirale oder Geraden.

Im allgemeinen teilt man die Bewegungsformationen in acht Typen (Or. *beli*) ein (s. Abb. 60–64): stehende Positionen *(sthānaka)* mit durchgestreckten oder gebeugten Beinen und unterschiedlichen Fuß- und Zehhaltungen, Sprünge *(utha)*, Sitzpositionen *(baitha)*, Gangarten *(chali)*, freudigerregte Bewegungen *(burha)*, Körperbeugungen mit ausgestreckten Armen *(bhasa)*, Pirouetten und Drehungen *(bhaunri)*, darunter die

65 Pirouette (bhramarī) in einer Szene aus dem Kathak, Tänzerin: Uma Sharma ▷

sogenannte »Bienendrehung« (*bhramarī*, vgl. Abb. 65), bei welcher der Fuß des Spielbeins kniehoch angewinkelt und hüpfend das Standbein um die Körperachse gedreht wird. Mit der letzten dieser Bewegungstypen (*palī*) zieht sich die Tänzerin am Ende des Stückes auf den Fersen stehend zurück.

An den rhythmischen Baṭunṛtya-Tanz schließt ein eher lyrischer Teil an, der nach sprießenden Pflanzentrieben Pallavi genannt wird. Diesem Bild entsprechend, entfaltet die Tänzerin zunächst die Stimmung eines gesungenen Sanskritgedichtes mit ausdrucksstarker Mimik und ruhigen Hand- oder Armbewegungen, die sich kaum von denen des Bharata Natyam unterscheiden. Erst allmählich werden auch schnelle Nṛtta-Sequenzen eingeschoben, nach denen die Tänzerin jedesmal wieder zur Grundposition zurückkehrt. Mitunter untermalt auch eine Flöte oder Violine die Melodie.

Der nächste Programmteil, Abhinaya, ähnelt dem vorhergehenden. Seinem Namen gemäß, stehen auch hier Tanzmittel im Vordergrund, die ein Lied ausdeuten und nach jedem Vers in lebhafte Nṛtta-Passagen übergehen. In der Regel beruhen die Themen auf Jayadevas ›Gītāgovinda‹. Einen Höhepunkt bildet die Darstellung der zehn Inkarnationen Vishnus.

Ohne Pause folgt ein rein rhythmisches, äußerst schnelles Finale (*mokṣanata*), bei dem sich der Trommelspieler, der Sänger, der Lautsilben skandiert, und die Tänzerin zu teilweise gegenläufigen und immer lebendigeren Rhythmen anspornen und so noch einmal die einzigartige Virtuosität des Odissi-Stils entfalten.

Die Chhau-Festtänze im Osten

In drei benachbarten Regionen Indiens, dem ehemaligen Fürstentum Seraikella im Südosten Bihars, im Purulia-Distrikt an der Westgrenze Bengalens und in Mayurbhanj im Nordosten Orissas, pflegt man auf unterschiedliche Weise die bislang noch wenig erforschten Chhau-Tänze. In den häufig abgeschiedenen Gebieten siedeln mehrere halbnomadisierende Munda-Stämme, die in ihren Tänzen lebensnahe Themen wie Jagd, Fischfang und den Erntezyklus darstellen. Erst in den letzten Jahren hat die klassische Tanztradition den besonderen Reiz des Chhau erkannt.

Der Begriff »Chhau« konnte noch nicht hinreichend erklärt werden, drei mögliche Bedeutungen sagen allerdings bereits etwas über die Form dieses Tanzstils aus. Weniger wahrscheinlich ist die Ableitung des Wortes aus den Sanskritwörtern *chāyā* (Schatten) oder *chadma* (Maskierung, Verstellung), obwohl zumindest in den Seraikella- und Purulya-Tänzen die Akteure Masken tragen. Auch das Verb *chau* (jagen, angreifen) aus der Oriya-Sprache erscheint trotz zahlreicher Jagd- und Kriegsaspekte besonders im Mayurbhanj und Seraikella als Ursprung eher fraglich. Vermutlich ist Chhau aus dem Mundari-Wort *chhak* (Geist) abzuleiten, da alle Chhau-Tänze Formen eines Geistertanzes bewahren.

Die drei regionalen Stilrichtungen unterscheiden sich zum Teil erheblich voneinander. Die subtileren und komplexeren Seraikella-Tänze kontrastieren mit den eher kräftigen und leidenschaftlichen Bewegungen im Purulya, während im Mayurbhanj, der dem Odissi-Stil ähnelt, die Mimik im Mittelpunkt steht. Alle drei Richtungen verbindet jedoch ihr gemeinsamer Ursprung: Sie werden während der Feierlichkeiten des Frühlingsmonats Caitra (März/April) aufgeführt. In Seraikella und Mayurbhanj dauert das Fest vier bis fünf Tage, in Purulia sogar bis zu zwei Monate.

Die Chhau-Tänze beziehen ihre Stoffe weniger aus literarischen Vorlagen als aus mündlichen Überlieferungen der Epen und Purāṇas sowie aus lokalen Texten. Dabei stehen Kampfszenen – darunter ein in der klassischen Literatur selten belegter Kampf zwischen Rāma und Shiva – im

Vordergrund. Hinzu kommen zahlreiche Szenen, die das tägliche Leben und die Welt der Tiere imitieren. Wegen dieser Themen galten die Chhau-Tänze lange Zeit als minderwertig verglichen mit der klassischen Tanztradition – eine Einschätzung, die ebenso willkürlich wie falsch ist. So bewahren die Chhau-Tänze nicht nur in der Thematik, sondern auch in der Tanztechnik zahlreiche klassische Elemente, auch wenn diese nicht systematisch in Tanzkompendien oder -schulen erfaßt sind.

Bis auf die stärker improvisierten Darstellungen des täglichen Lebens und der Tierwelt entsprechen fast alle übrigen Tanzvariationen dem klassischen Bewegungsvokabular, welches in kleinen Übungseinheiten studiert wird. Dabei bevorzugt man – wohl in Anklang an die Jagd- und Kampftradition der Munda-Stämme – kräftige, kämpferische Tāṇḍava-Bewegungen wie hohe Sprünge und spiralförmige Pirouetten gegenüber anmutigen Lāsya-Haltungen. Es sind aber auch Besonderheiten wie kniende Drehungen und Sprünge oder Zitterbewegungen, die an schamanistische Séancen erinnern, zu verzeichnen.

Die schon im ›Nāṭyaśāstra‹ beschriebene und in zahlreichen, über ganz Indien verteilten Skulpturen dargestellte »Skorpion-Haltung« *(vṛścikakaraṇa)*, bei der im Sprung ein Bein nach vorn ausgestreckt, das andere angewinkelt wird, scheint sich sogar nur in den Chhau-Tänzen behauptet zu haben. Solche Besonderheiten des Chhau wie auch der insgesamt fließende Übergang der Bewegungen haben Tanzwissenschaftler zu der Vermutung veranlaßt, daß diese Tänze aufgrund ihrer ungebrochenen Tradition teilweise viel ältere Elemente bewahren als die »hoch»-klassischen Stile, in denen oftmals Bewegungen und Positionen aus Texten oder Skulpturen rekonstruiert und zu mehr oder weniger isolierten Konfigurationen aneinandergereiht wurden.

Auch die Mimik des Chhau enthält klassische Elemente, vor allem der Mayurbhanj, dessen Musiker angeblich 36 Rāgas der Hindustani-Musik beherrschen. Auffallend sind auch die klassischen, dreimaligen Wiederholungen von Tempowechseln oder durchaus komplexe und ungleiche Rhythmen. Allerdings überwiegt insgesamt der volksmusikalische Charakter.

Die Melodie übernehmen Sänger und die Spieler einer Bambusflöte oder der Schalmei sowie, im Purulya, einer Doppelklarinette mit einem Kürbisreservoir als Klangkörper, die im Westen als Flöte der Schlangenbeschwörer bekannt ist. Als Rhythmusinstrument dienen vor allem eine zylindrische Doppelkonustrommel (Or., Hind. *ḍhol*) und eine Kesselpauke *(nāgarā)* sowie kleine Becken und die Fußglöckchen der Tänzer.

Der Seraikella-Chhau

Das frühere Fürstentum Seraikella, lange Zeit durch Bergketten von der Umwelt weitgehend abgeschlossen, hat seine charakteristische Art des Caitraparva-Frühlingsfestes bewahrt. Es wird alljährlich zu Ehren Shivas in seiner androgynen Erscheinungsform als Ardhanārīśvara (der Gott, der halb Frau ist) sowie für den Sonnengott Sūrya veranstaltet, wodurch die Bedeutung des alten Sonnenkults in Orissa unterstrichen wird. Das Fest

66 Seraikella-Chhau: Mondmädchen in schüchterner Haltung

stand unter dem Schutz der lokalen Könige, deren Patronatsgottheit jedoch vishnuitisch war, so daß in dem Ritual und den Tänzen beide religiösen Richtungen – Shivaismus und Vishnuismus – aufeinandertreffen.

Die Feierlichkeiten beginnen mit der Errichtung eines Pfostens, einer Art Lebensbaum, der nach Indras Banner *jarjara* genannt und während der fünf Festtage in Prozessionen herumgetragen oder in dem Rāma geweihten Palasttempel aufbewahrt wird. Am ersten Tag bestimmt man 13 Männer als sogenannte *Bhaktas* (Gottesverehrer), die aus der fürstlichen Familie stammen sollen. An den folgenden Tagen bieten sie unter Beachtung bestimmter Gebote wie Fasten oder Keuschheit die Mehrheit der rituellen Tänze dar.

Der Haupt-Bhakta repräsentiert Maṅgalā-Caṇḍī, eine Manifestation der Göttin. Der rot gekleidete und geschminkte Akteur fällt während eines langen Rituals wiederholt tanzend in Trance. Dabei trägt er auf dem Kopf einen Krug mit heiligem Wasser, der ein Jahr lang im Shiva-Tempel vergraben war. In einer bunten Prozession folgen die Gläubigen dem Tänzer zum Palast und Tempel, um die Gottheit, die der Bhakta nun verkörpert, unter anderem mit Ziegen- oder Schafopfern zu verehren. Am Liṅga des Tempels wird der Wasserkrug abgestellt und während der restlichen vier Tage des Caitraparva-Frühlingsfestes aufbewahrt, an denen viele kürzere Tänze und Tanzepisoden von anderen Akteuren gezeigt werden.

Das meist solistische Repertoire umfaßt etwa 60 oft jüngere Kompositionen, bei denen kurze Szenen des alltäglichen Lebens mit Darstellungen religiöser Themen wechseln. Besonders beliebt sind Schmetterlings- oder Pfauentänze (s. Farbabb. 16), in denen die Freude über Gewitter und Regen zum Ausdruck kommt. Kämpferisch geht es in einem »Schwert«-Tanz *(astradaṇḍa*, vgl. Farbabb. 14) zu, in Jagdszenen wie Sabara, einem Tanz über die Heldentaten eines gleichnamigen Jägers, oder im Dhībara-Stück, in dem ein Fischer das Netz zum Fang auswirft und voller Beute einholt. Im »Ozean«-Tanz *(sāgara)* muß der Akteur den Fluten widerstehen, in einem Nachttanz die Gefahren der Dunkelheit überwinden. Andere Episoden handeln von der Liebe Krishnas zu Rādhā und den

67 Seraikella-Chhau: Sonnenkönig mit Mondmädchen ▷

Gopī-Milchmädchen oder vom Schicksal Candrabhāgās (s. Farbabb. 15), eines Mondmädchens, das nur mit einem selbstmörderischen Sprung in die See der Verführung durch den Sonnengott entkommen kann (s. Abb. 66, 67).

Bei den meisten Tänzen tragen die Darsteller leichte, aus Papier, Lehm und Stoff hergestellte Masken, so daß die mimische Untermalung der Handlung weitgehend entfällt. Um so mehr wird der körperliche *(aṅgika)* Aspekt der Ausdrucksmittel unterstrichen. Dies gilt besonders für die martialischen Szenen des Seraikella-Chhau, die zum Teil auf einem rituellen Kampftraining *(parikhaṇḍa)* basieren, welches Soldaten frühmorgens praktizierten, indem sie mit Waffen bestimmte Schrittfolgen und Körperbewegungen einübten.

Das Fest erreicht am vierten Tag seinen Höhepunkt, wenn eine nach der furchterregenden Göttin Kālikā benannte Prozession stattfindet. Dabei wird die Göttin durch den schwarz gekleideten und geschminkten Haupt-Bhakta repräsentiert, der nun einen weiteren heiligen Wasserkrug auf dem Kopf balanciert. In der Nacht dieses Tages darf normalerweise nicht getanzt werden, aber nach Zahlung einer minimalen, vom Fürsten entrichteten Gebühr kann diese Vorschrift von den Priestern aufgehoben werden, so daß auch in der Dunkelheit viele kürzere Tanzstücke dargeboten werden.

Am letzten Tag liegt der Haupt-Bhakta zunächst auf einer Totenbahre, bis ihn der Prinz des Fürstenhauses rituell wiederbelebt. Daraufhin wird der neue Krug unter dem Liṅga des Tempels begraben, während ein Hofastrologe aus Menge und Beschaffenheit des Wassers vom Krug des Vorjahres die Zeichen für das kommende Jahr deutet. Anschließend wird der alte Krug auf dem Liṅga zerbrochen.

Die Einbettung der Seraikella-Tänze in Fruchtbarkeits- und jahreszeitlichen Riten, die Beteiligung der Tänzer am Ritual und die aktive Anteilnahme der Bevölkerung am Fest lassen den Seraikella-Chhau als ein lokales, vom Kalender abhängiges Ereignis erscheinen. Jedoch stehen viele Tanzstücke dieser Stilrichtung nur lose mit dem rituellen Geschehen in Verbindung, da sie ursprünglich aus weiteren Volkstraditionen oder aus dem höfischen Leben stammen. So hat der Seraikella-Chhau denn auch einen vom zeremoniellen Rahmen losgelösten eigenständigen Charakter und kann nur bedingt als typischer Volks- und Ritualtanzstil klassifiziert werden.

Der Chhau in Mayurbhanj

Auch die Chhau-Tänze in Mayurbhanj werden hauptsächlich während des Caitraparva-Festes aufgeführt – und zwar an einem Bhairava-Tempel in Baripada, dem Sitz des lokalen Fürsten. Trotz einiger Unterschiede ähneln die Feierlichkeiten denen in Seraikella.

So stammen die Bhaktas nicht aus der fürstlichen Familie, sondern überwiegend aus Priesterkreisen. Anwärter dieser Rolle haben ihre religiöse Befähigung für den Ritualtanz mit einer Reihe von Prüfungen zu beweisen. Sie müssen sich zum Beispiel mit einer Schale glühender Kohle über ein Dornengestrüpp rollen, mit nackten Füßen über glimmende Holzkohle laufen, sich an einen Pfahl gebunden schnell drehen oder an den Füßen über ein Feuer hängen lassen. Keine dieser Qualen scheint die Tänzer zu verletzen, die wiederholt »Bhairava«, den Namen einer furchterregenden Erscheinungsform Shivas, rufen.

Anders als im Seraikella-Chhau tragen die Darsteller des Mayurbhanj keine Masken, so daß mimische Aspekte eine größere Bedeutung gewinnen. Gleichwohl stehen auch in dieser Stilrichtung die kraftvollen, kämpferischen Ausdrucksmittel im Vordergrund (s. Abb. 68, 69) – in vielen Stücken wird beispielsweise mit Stock und Schild getanzt.

Die Tanztechnik ähnelt der des Odissi, besonders da die dreifache Beugung des Körpers *(tribhaṅga)* und die Chauka-Stellung – ein Bein wird nach vorn gestreckt, das andere angewinkelt – zu den Grundpositionen gehören. Viele dieser Bewegungen und Haltungen wurden von Tanzlehrern systematisiert und zu speziellen Übungen zusammengefaßt. Dabei unterscheidet man drei Formen: präzise, kämpferische Bewegungen wie etwa den Stocktanz, bei dem jeder Fehler gefährlich wäre, schnelle und abrupt endende Bewegungen sowie fließend-elastische Konfigurationen.

Auch die Darstellungen von kleinen lebensnahen Szenen sind in einem mündlich überlieferten Inventar von tänzerischen Bewegungen erfaßt. Einige Episoden spiegeln die täglichen Pflichten der Frauen wider: das Ausfegen des Hauses, das stampfende Enthülsen des ungeschälten Reises, das Zermahlen der Gewürze; andere stellen die Morgen- und Abendtoilette dar: das Kämmen und Trocknen des Haares oder das Auftragen eines Zinnober-Punktes auf der Stirn. Weitere Szenen, wie das Töten mit dem Schwert oder das Zertrampeln des Feindes, repräsentieren die grausame

68, 69 Mayurbhanj-Chhau: kämpferische Tanzpositionen

Welt der Krieger. Höchst anmutig sind hingegen Episoden, in denen Tiere imitiert werden: ein aus dem Wasser springender Fisch, ein Affe, der Purzelbäume schlägt, ein Kranich, der nach Beute Ausschau hält, oder ein zappelnder Hummer.

Der Purulya-Chhau

Die Chhau-Tänze in Purulia unterscheiden sich vom Seraikella-Chhau und der in Mayurbhanj gepflegten Stilrichtung neben ihrer längeren – wochenlangen – Spielzeit vor allem durch zusätzliche Repertoirestücke.

Großer Beliebtheit erfreut sich die Tötung des Büffeldämons Mahiṣa. Das Stück beruht auf einem alten Purāṇa-Mythos, der im Purulya jedoch in einer abgewandelten Version mündlich tradiert wird. Darin rettet die auffallend mütterliche Göttin Durgā die miteinander spielenden Götterkinder Ganesha und Kārtikeya vor einem Dämon in Gestalt eines wilden Büffels, indem sie ihn, ihrer eigentlichen grausamen Natur entsprechend, mit Shivas Dreizack aufspießt.

Zwei andere, ebenfalls populäre Stücke stammen aus dem ›Rāmāyaṇa‹-Epos. In »Die Tötung der Dämonin Tārakā« treffen Rāma in Begleitung seines Halbbruders Lakṣmaṇa und des Sehers Viśvāmitra auf die Dämonin, die andere Seher ständig in ihrer Versenkung stört; Rāma fordert sie heraus und tötet sie. In »Das Zerbrechen von Haras (Shivas) Bogen« hält ein legendärer König namens Janaka einen Wettkampf ab, um seinen Schwiegersohn auszuwählen. Keiner der geladenen Gäste ist jedoch imstande, den Bogen, den Janaka von Shiva erhalten hatte, auch nur hochzuheben. Als aber Rāma ihn nimmt und spannt, zerbricht er, woraufhin Janaka ihm seine Tochter Sītā zur Frau gibt. Kaum hat Shiva – in anderen lokalen Mythen immerhin Sītās Gemahl – dies bemerkt, gerät er in Rage und greift Rāma an, unterliegt jedoch nach einem schier endlosen Kampf dem göttlichen Helden.

Außer diesen besonderen Programmteilen charakterisieren auch farbenfrohe Masken den Purulya-Chhau. Wie im Seraikella-Chhau sind sie aus Pappmaché und Stoffen hergestellt. Gefertigt werden die Masken von Handwerkerfamilien, die sich auf die Produktion von Götterbildern spezialisiert haben. Angeblich hat der erste zum Hinduismus übergetretene Stammesfürst dieser Region gegen Ende des 17. Jahrhunderts die Vorfahren jener Familien in dem Dorf Chorida angesiedelt.

Die Gruppentänze im nordöstlichen Manipur

Der kleine, im äußersten Nordosten Indiens gelegene Bundesstaat Manipur gab einem Tanzstil ganz besonderer Art seinen Namen: dem Manipuri. Vermutlich wäre er kaum über die bergigen Landesgrenzen hinaus bekannt geworden, hätte ihm nicht der bengalische Schriftsteller und Nobelpreisträger Rabindranath Tagore durch die Förderung vieler Aufführungen auch außerhalb Manipurs zu Bekanntheit verholfen.

Die frühe Geschichte dieser graziösen Tänze liegt freilich im dunkeln. Legenden zufolge soll die isolierte Hochebene im Zentrum Manipurs einst ein See gewesen sein, den Shiva austrocknete, als er dort mit seiner Gefährtin tanzen wollte. Auf diese Weise soll der Manipuri-Tanz entstanden sein.

Die einheimische Bevölkerung, die sich selbst Methei nennt und tibetobirmanischer Abstammung ist, war dem vielfältigen Einfluß ihrer Nachbarn aus Burma, Assam, Bengalen oder dem Nagaland ausgesetzt. Und doch hat sie sich in Kult und Religion eine Fülle von Eigenheiten bewahrt, die auch in die Tänze eingingen. Animistische Riten und Ritualtänze sind eingebettet in die Verehrung von Wald-, Berg- oder Regengöttern. Bei den zahlreichen Festen und deren Tänzen steht der Wechsel von Saat-, Regen- und Erntezeit im Vordergrund; gleichzeitig spiegeln die Manipuri-Tänze viele lokale Ahnen- und Geisterkulte wider.

Auch wenn der Hinduismus schon im 7./8. Jahrhundert nach Manipur gedrungen sein muß – etliche shivaitische Relikte sowie historische Entwicklungen der Nachbarstaaten sprechen dafür –, lassen sich seine Auswirkungen erst seit etwa dem 15. Jahrhundert konkreter nachweisen. Damals übten aus Bengalen zugewanderte Brahmanen, die auch das Bengali-Alphabet einführten, einen nachhaltigen Einfluß auf die stolze Methei-Literatur aus.

König Garibniväj alias Pamheia, ein Anhänger der Bhakti-Bewegung, ließ jedoch in der ersten Hälfte des 18. Jahrhunderts fast alle historischen

Quellen, in denen die religiösen Veränderungen dieser frühen Zeit belegt waren, in einem spektakulären, öffentlichen Ritual zerstören, so daß die meisten Zeugnisse verloren gingen.

Da die Überlieferung der verschiedenen Tanzformen des Manipuri nicht lückenlos nachvollziehbar ist, können ursprüngliche und später übernommene Elemente kaum voneinander unterschieden werden. Gleichwohl ist unverkennbar, daß dieser Tanzstil trotz hochtraditioneller Einflüsse hinsichtlich Thematik, Tanztechnik und Musik Elemente der früheren Tanzkunst Manipurs bewahrt hat.

Auch in dieser abgelegenen Region Indiens ist es nur engagierten Persönlichkeiten zu verdanken, daß Aufführungen der Manipuri-Tänze

70 Musizierende Manipuri-Tänzer, Triveni Ballet Troupe

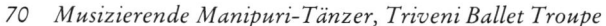

heute in vielen Kulturinstituten bewundert werden können. Eines der besten, die 1954 gegründete, heute von der Tänzerin Kumari Binodini Devi geleitete *Jawaharlal Nehru Manipur Sangeet Natak Akademi*, befindet sich in Imphal, der Hauptstadt Manipurs. Viele Tanzgruppen, wie die berühmten Jhaveri Sisters aus Bombay oder das von Rajkumar Singhajit Singh in New Delhi geführte *Triveni-Ballet* (s. Abb. 70), entwickelten neue Tanzstücke und Sujets, so daß der Manipuri heute zu Recht zu den bedeutenden Tanzstilen Indiens zählt.

Aufführungspraxis

Der Manipuri-Stil setzt sich aus mehreren Tanzformen zusammen, die zu unterschiedlichen Anlässen und Jahreszeiten aufgeführt werden. Im wesentlichen sind dies das alte Tanzfest Lai Haraoba, das Raslīlā-Schauspiel mit seinen Ras-Szenen und die devotionalen Cholom-Tänze.

Das Kompendium »Anmut des Spiels von Musik und Tanz für Govinda (Krishna)« (›Govindasaṅgītālīlāvilāsa‹), das König Bhāgyacandra Ende des 18. Jahrhunderts verfaßt haben soll, beschreibt einige technische Aspekte dieser Tanzformen. Darin kommen zahlreiche Bewegungs- und Ausdrucksformen des klassischen, am ›Nāṭyaśāstra‹ ausgerichteten Tanzes zur Geltung. Es gibt jedoch einige Besonderheiten.

So liegt der Schwerpunkt des Manipuri auf Bewegungen des ganzen Körpers. Demgegenüber verblaßt die gleichbleibend freundliche, fast schon starre Mimik, und auch die Fingergesten sind auf vergleichsweise wenige beschränkt. Bei Körperbewegungen wird zudem streng zwischen dem weiblich-anmutigen Lāsya- und dem männlich-kraftvollen Tāṇḍava-Stil unterschieden.

In den Lāsya-Teilen (s. Abb. 71) dürfen die Gliedmaße niemals extrem gestreckt oder angewinkelt werden. Füße und Knie bleiben nach Möglichkeit zusammen, tiefe Hüft- und Seitwärtsbeugungen werden vermieden, Kopf und Nacken nur leicht zur Seite oder nach vorne geneigt. Die Füße sollen nicht über Kniehöhe, die Hände nicht über Kopfhöhe gehoben werden, und die Arme bleiben möglichst diagonal nach unten gestreckt. Diese Lāsya-Bewegungen, bei denen die Lotlinie des Körpers

71 Manipuri: Szene mit Rādhā, Tänzerin: Sharon Devi ▷

in fließender Form weitgehend beibehalten wird, sollen das Bild eines im Winde schwingenden Bambusstocks wiedergeben.

Anders die Tāṇḍava-Teile, die vor allem die Cholom-Tänze charakterisieren. Hier sind kräftige Sprünge und Drehungen keine Seltenheit. Auch fallen die Tänzer mitunter auf die Knie oder heben das Spielbein schwungvoll und weit nach oben. In den Grundpositionen dominiert eine Haltung, bei der das linke Bein leicht angewinkelt, das rechte halbhoch angehoben wird. Obwohl die Bewegungsfreiheit der Cholom-Tänzer durch eine Trommel, die sie während ihrer Darbietungen tragen und spielen, eingeschränkt ist, nehmen die Akteure akrobatische Positionen ein. Freilich sollen auch beim Tāṇḍava-Aspekt des Manipuri kantige Körperhaltungen möglichst vermieden werden.

Wie in anderen klassischen Tanzstilen wird im Manipuri die Schrittfolge mit Hilfe von rhythmischen Lautsilben einstudiert. Das Repertoire der Abhinaya-Ausdrucksformen, die mit dem Inhalt der Tanzstücke korrespondieren, ist zumindest für die Lāsya-Teile ausgeprägt und diffizil. Bei den Cholom-Tänzen hingegen entfallen wegen der Trommeln alle Hand- und Fingergesten.

Einige Tanzbewegungen werden in kleinen Sequenzen *(bhangi pareng)* einstudiert, zu denen auch kürzere, rein rhythmische Tanzkompositionen *(chali)* gehören. Die Abhinaya-Teile sind zu 64 grundlegenden Ausdrucksmöglichkeiten *(nayikabheda)* systematisiert.

Die Musik des Manipuri beruht größtenteils auf nordindischen Rāgas und Tālas, wobei die Musikinstrumente je nach Genre variieren: Bei dem Pung Cholom etwa dominieren die von den Tänzern getragenen Trommeln. Beim Lai Haraoba fällt besonders ein Streichinstrument *(pena)* auf, dessen Klangkörper aus einer Kokosnuß besteht und das mit einem Bogen gestrichen wird, an dem zahlreiche hell klingende Glöckchen befestigt sind.

Das Lai Haraoba-Fest

Das mehrtägige Fest Lai Haraoba findet alljährlich im April/Mai in der Umgebung von Moirang statt. Unter großer Anteilnahme der Methei-Bevölkerung wird »Die Freude der Götter« – so die Bedeutung von Lai Haraoba – in Szene gesetzt. Thema ist ein Schöpfungsmythos, in dem neun Götter die Erde vom Himmel holen und sieben auf dem Wasser tanzenden Göttinnen darbieten, die sie dann in einem See versenken.

Professionelle Tempeltänzerinnen, die *Maibis*, stellen diesen mit dem Beginn der Regenzeit verbundenen Mythos dar. Im Unterschied zu anderen Tempeltänzerinnen Indiens dürfen die Maibis nicht nur heiraten, sie haben auch männliche Mitakteure, die *Maibas*, die die neun Götter repräsentieren.

Zunächst werfen die weißgekleideten Maibis Blumen, die Maibas Gold- oder Silberstücke in den See, um die Götter und Göttinnen herbeizurufen. Danach fallen die Maibis in eine durch zitternde Kreistänze angedeutete Trance. Alle Tänzer begrüßen nun die Ankunft der Gottheiten, indem sie heiliges Wasser von einem Fluß holen und mit Gesten ein Götterhaus bauen. Sodann stellen die Akteure das Liebesspiel zwischen zwei lokalen Gottheiten dar, die als Shiva und Pārvatī gelten.

An den folgenden Tagen werden Tänze geboten, die das Alltagsleben der Methei widerspiegeln: So setzt man zum Beispiel den Herstellungsprozeß von Baumwolle in Szene. Das Fest endet damit, daß die Götter in einem sinnbildlich in den See geschobenen Boot wieder zum Himmel geschickt werden.

Zum Lai Haraoba gehören auch etliche Kriegstänze mit Schwertern, Speeren und Schilden, die zum Teil weitreichende Bedeutung besitzen: Der Akteur tanzt zum Beispiel innerhalb auf den Boden gemalter symbolischer Diagramme eines Lotus oder einer Schlange. Er beendet seine Darbietung an nicht festgelegten Punkten innerhalb des Diagramms, die als Vorzeichen für Reichtum oder Hungersnöte, Frieden oder Krieg gelten. Diese Ritualtänze wurden ursprünglich geheimgehalten und nur an ausgewählte Schüler weitergegeben. Es heißt, daß auch die Könige von Manipur sie getanzt haben sollen.

In Moirang findet während des Lai Haraoba-Festes auch ein auf einem lokalen Epos beruhender Paartanz statt, in dem die tragische Liebe eines Helden namens Khamba zu der Prinzessin Thoibi dargestellt wird. In der Hochzeitsnacht warf Khamba aus Übermut einen Speer durch die dünne Wand, welche die Schlafgemächer der Jungvermählten trennte. Thoibi schleuderte neckisch den Speer zurück, traf jedoch ihren Geliebten. Sie rannte sofort zu ihm, und als sie ihn sterben sah, folgte sie ihm weinend in den Tod. Diese Tragödie soll sich tatsächlich während der Herrschaft von König Loyamba im 11. Jahrhundert zugetragen haben.

Die Cholom-Tänze

In Manipur werden zu privaten oder öffentlichen Anlässen viele kürzere Tänze dargeboten, bei denen die Akteure auch Musikinstrumente spielen. Im Pung Cholom tragen sie die Pung, eine dem Mṛdaṅga ähnliche Trommel, horizontal über der Hüfte. Während ihrer kreisförmigen Gruppentänze imitieren sie auf der Trommel Geräusche wie etwa Donner, das Prasseln des Regens, Tierstimmen oder den Herzschlag. Dazu singen andere Musiker devotionale Lieder zu Ehren Krishnas. Die Tanztechnik wechselt zwischen kraftvollen, akrobatischen und graziösen, leichtfüßigen Bewegungen. Alle Kleidungsstücke der Tänzer sind weiß: der Turban, ein Hüft- und Beinwickel sowie ein über der rechten Schulter befestigter Schal.

Die ebenfalls ausschließlich männlichen Tänzer des Kartal Cholom spielen auf kleinen Becken. Im wesentlichen ähneln die Themen der aufgeführten Stücke denen des Pung Cholom, jedoch ist der Tanzstil insgesamt weniger lebhaft und eher verspielt.

Auch im Manjira Cholom, einem Frauentanz, werden kleine Beckenpaare benutzt, von denen eines Krishna, das andere Rādhā und das Zusammenklingen der beiden das Liebesspiel des Götterpaares symbolisiert. Ansonsten weicht dieser Tanz kaum von dem Kartal Cholom ab.

Die Raslīlā-Festtänze

Wie im Kathak-Tanztheater gibt es auch im Manipuri Raslīlā-Rundtänze. Auf überdachten Tanzflächen wird in vielen Dörfern Manipurs im Frühling oder Herbst zu Ehren Krishnas gesungen und getanzt. Angeblich soll König Bhāgyacandra (1764–89) diese Tänze entwickelt haben. Es heißt auch, daß seine Tochter Lairobi im Govindaji-Tempel von Imphal, der Hauptstadt Manipurs, die Rolle der Rādhā übernommen habe.

Eine Raslīlā-Aufführung stellt verschiedene Episoden aus dem Leben Krishnas dar. Im Mittelpunkt stehen seine Liebe zu Rādhā und das Spiel mit den Gopīs, den Milchmädchen. Da diese Tänze fast nur von Frauen aufgeführt werden, überwiegt der Lāsya-Aspekt in der Tanztechnik, stehen anmutige, graziöse Bewegungen im Vordergrund. Die Tänzerinnen tragen steife, kreisrunde Röcke, über die ein durchsichtiger Stoff hängt.

Diese Kostüme sowie am Hinterkopf der Tänzerinnen befestigte Schleier erwecken den Eindruck von leichten, schwebenden Tanzbewegungen.

Die Raslīlās des Manipuri enthalten mehrere sogenannte Ras-Szenen, die teils nach ihrem Thema, teils nach der Tanztechnik benannt sind. Im Tala Ras klatschen die Tänzerinnen mit den Händen einen bestimmten Rhythmus *(tāla).* Im Danda Ras benutzen sie Stöcke *(daṇḍa),* schlagen damit den Rhythmus oder schwingen sie kunstvoll durch die Luft. Im Mandala Ras, einer besonders beliebten Szene, bilden die Tänzerinnen als Kuhhirtinnen einen Kreis *(maṇḍala)* mit Krishna in der Mitte.

Der Manipuri-Stil, der Feste, Rituale und Tänze verbindet, gilt wegen seiner weichen anmutigen Darstellungsform zu Recht als einer der schönsten Tänze Indiens. So wird auch seine Renaissance als eine Bereicherung der an Vielfalt gewiß nicht armen Tanzkultur Indiens angesehen.

Ritual- und Volkstänze

Einleitung

Da selbst im klassischen Tanztheater Formen und Ausstattung nicht nur das Lokalkolorit widerspiegeln, sondern auch die Themen und Sprachen der Stücke weitgehend in den Kulturen der regionalen Volksgruppen verwurzelt sind, ist es kaum möglich, eine klare Grenzlinie zwischen den klassischen und den unübersehbar vielen Ritual- und Volkstänzen Indiens zu ziehen.

Mitunter hing es sogar nur von dem Einfluß bedeutender Tanzmeister oder -wissenschaftler ab, ob regionale Tänze in die Liste der klassischen Tänze aufgenommen wurden. Die Chhau- oder Manipuri-Stile etwa könnten ebenso gut als lokale Ritualtänze angesehen werden. Andererseits sind viele klassische, an verbindlichen Sanskrittexten ausgerichtete Tänze ihrem Ursprung nach nichts anderes als tanztheatralische Rituale. Erst in jüngerer Zeit werden sie von einer intellektuellen Oberschicht als rein künstlerische, von ihrer religiösen Funktion losgelöste Tanzdarbietungen betrachtet.

Allerdings unterscheiden sich die klassischen Tänze von Ritual- und Volkstänzen durch ihre traditionelle Verbindung zu einflußreichen Tempeln oder Königshöfen. So wurden jene Tänze überwiegend von brahmanischen Priester- und Gelehrtenkreisen sowie den zahlreichen Herrschern und reichen Kaufleuten Indiens gefördert. Dank dieser Unterstützung erhielten sie seit je mehr Beachtung als die zahlreichen Tänze, die oftmals nicht minder alt, kunstvoll und beeindruckend sind.

Im Gegensatz zum klassischen Tanztheater betonen die Volks- und Stammestänze das rhythmische Element stärker als das melodische. Oft finden nur Trommeln und Idiophone Verwendung, während die Melodie gesungen wird, nicht aber instrumental erklingt. Bei Aufführungen ist meist die gesamte soziale Gruppe, das Dorf oder die Kaste, beteiligt.

Volks- und Stammestänze werden im Gegensatz zum klassischen Tanztheater nicht allein von Spezialisten dargeboten.

Zudem sind die Themen der Stücke meist nur mündlich überliefert. Tänze, die Teil eines Rituals sind, beruhen allerdings häufig auf Texten, die zumindest Grundzüge dieses Rituals festschreiben.

Die zahlreichen Volksschichten, Stämme oder Kasten Indiens finden stets Anlässe zu Freudentänzen. Bei Hochzeiten oder Initiationen tanzen meist die jüngeren männlichen Gäste. Während vieler hinduistischer Volksfeste bilden sich häufig spontane Gruppen, die vor Tempeln, auf Straßen oder Plätzen gemeinsam tanzen (s. Umschlagrückseite). Allerdings kommt es selten zu Paartänzen von Männern und Frauen: Man tanzt nach Geschlecht (s. Farbabb. 23), vielfach auch nach Alter und Kaste getrennt, wobei auch Transvestiten auftreten können (s. Farbabb. 22, Abb. 73). Solche Geselligkeitstänze können vor allem dann ein durchaus hohes Niveau erreichen, wenn in der jeweiligen sozialen Gruppierung auch eine Tradition anderer Gesellschaftstänze besteht.

Viele dieser Tänze greifen Themen des täglichen Lebens auf: die Jagd, die Ernte oder den Wechsel der Jahreszeiten. Jagdtänze, die vornehmlich von den Stammeskulturen Indiens gepflegt werden, bilden häufig die für die Jagd erforderliche Beherrschung des Körpers spielerisch nach: das Spannen des Bogens, die lautlose Pirsch, Hetze und Verfolgung des Opfers oder das Stellen von Fallen. Anklänge an derartige Tänze finden sich auch in Kreisen, die selbst nicht mehr die Jagd betreiben, sie haben sich sogar in einigen klassischen Tanzstilen behauptet.

Die Aussaat, das Setzen von Reis, die Ernte, nahezu alle Vorgänge, die sich auf den Ackerbau beziehen, werden ebenfalls tänzerisch von vielen Volksgruppen ausgedrückt. Besonders der im heißen Klima Indiens natürliche Wunsch nach Regen führte zu zahlreichen Tanzritualen, mit denen man den Monsun herbeizuzaubern sucht. Dabei imitiert die Trommelmusik oftmals Donner oder heftige Wolkenbrüche. Bei derartigen Darbietungen spielen Wasserkrüge, die mitunter mehrfach aufeinander geschichtet sind (s. Farbabb. 2) und auf dem Kopf oder der Hüfte getragen werden, als Symbol des Regens eine wichtige Rolle. Aber selbst wenn die Verbindung von Tänzen zu Ackerbau und Klima nicht unmittelbar erkennbar ist, läßt doch der Zeitpunkt ihrer Aufführung – ob Vormonsun oder Ernteperiode – vermuten, daß die Rituale ursprünglich eine derartige Funktion gehabt haben.

72 *Kon-Volkstanz mit Pyramidenstellungen (Maharasthra)*

Volkstheater und Volkstanz

Theateraufführungen, die fast immer von Tanz begleitet werden, gelten in Indien als besondere Ereignisse, da sich in der hinduistischen Gesellschaft selten andere Gelegenheiten zur Gemeinsamkeit bieten. Bei einigen religiösen Festen und Wallfahrten oder auch anläßlich von Wahlkundgebungen berühmter Politiker treffen zwar die unterschiedlichsten Bevölkerungsgruppen aufeinander, ansonsten lebt man aber getrennt nach Kasten oder Subkasten, meidet oftmals aus rituellen Gründen den engeren Kontakt mit anderen.

Trifft jedoch eine Tanztheatergruppe im Dorf ein, strömen alle Bewohner zu dem Platz oder Zelt, in dem gespielt wird. Auch aus Nachbardörfern kommen viele Schaulustige mit Ochsenkarren, auf Fahrrädern oder zu Fuß. Straßenhändler und Marketender säumen die Wege zum Theater. Auf Rikschas türmen sich Berge von Zuckerbrezeln, fritiertem Gebäck und Früchten. Aus Buden werden bunte Farbdrucke von Götterbildern neben Spiegeln und Kämmen, Erdnüsse neben modernen chinesischen Pullovern lautstark feilgeboten. Hier und dort sitzt auf dem staubigen Boden ein Händler, der Kräuter und Pillen anpreist. Und vielleicht mischt sich in das Stimmengewirr auch ein Barde, der aus einem verblichenen Büchlein vorsingt und auf das angekündigte Stück einstimmt.

Im Theaterzelt sind nur in den vorderen, mit Seilen abgetrennten Reihen Klappstühle aufgestellt, hinten und an den Seiten der Bühne hocken die Zuschauer auf dem Boden. Auch hier ist ein ständiges Kommen und Gehen. Jungen drängeln sich zwischen die Leute, um aus einer großen Thermosflasche gewürzten Milchtee anzubieten. Spät nachts finden sie viele Kunden für ihr wärmendes Getränk.

Das Schlürfen des Tees aus kleinen Tonschalen, die nach Gebrauch einfach weggeworfen werden, geht in der begeisterten Anteilnahme des Publikums am Geschehen auf der Bühne unter. Besiegt der Liebhaber seinen Widersacher, schreien alle auf, jubeln ihm zu, klatschen und pfei-

fen. Kinder weinen, wenn ein ohrenbetäubender Knall das grausame Ende des Bösen verkündet. Frauen kichern, wenn die Geliebte schüchtern ihre Sehnsucht nach dem Helden besingt. Jünglinge grölen, wenn die Kurtisane ihre lasziven Verführungskünste erprobt.

Die Akteure, immer nach Applaus heischend, wiederholen gerne ihren Part, wenn er ankommt: Selbst der gerade getötete Bösewicht stirbt noch einmal. Die Musiker auf der Bühne lachen mit, feuern die Stimmung an oder dämpfen sie, sobald auf wilde Szenen lyrische Teile folgen.

Eine solche Atmosphäre herrscht nicht nur bei den Aufführungen des Volkstheaters, sondern oftmals auch bei denen des klassischen Tanztheaters, zumindest wenn sie in ländlichen Gebieten stattfinden. Allerdings ist die Distanz zwischen Darstellern und Publikum im klassischen Theater meist größer. Volksschauspieler und -tänzer hingegen mischen sich immer wieder unter die Zuschauer. Nach ihrem Auftritt verweilen sie am Rand oder unterhalb der Bühne, rauchen eine Zigarette oder genießen ebenfalls eine Tasse Tee.

Überall in Indien ziehen Gaukler, Zauberer, Pantomimen, Bärenbändiger oder Schlangenbeschwörer von Dorf zu Dorf. Auch Schauspiel- und Tanzgruppen gehören zu diesen wandernden Künstlern und Artisten. Manchmal ist es nur ein Tänzer, begleitet von einem oder zwei Musikern (s. Abb. 74), in der Regel treten jedoch größere Gruppen auf. Ihr Wirkungsgebiet ist freilich wie das der Moritatenerzähler, Barden und Possenreißer, deren Sprache man verstehen muß, begrenzt. Viele Gruppen kehren daher zu festen Zeiten an dieselben Plätze zurück. Sie wissen, daß sie dort Unterkunft und Verpflegung erhalten, oft hat der Dorfälteste schon vorher Geld von den Bewohnern eingesammelt. Aber auch während der Aufführungen geht der Schauspieldirektor oder ein anderes Mitglied der Gruppe herum und bittet um weitere Spenden für die Künstler.

Viele Truppen sind in ihren Regionen berühmt und beliebt. In Rajasthan kennt man zum Beispiel die Nautanki-Spieler, die meist aus dem Leiter und seiner Familie bestehen. Einer von ihnen, häufig der Älteste, ist der Barde, *Raṅga* genannt. Er achtet auf die korrekte Abfolge der Szenen und erzählt die Handlung der Stücke, die volkstümliche Helden- oder Liebesgeschichten zum Thema haben. Eine andere wichtige Figur ist

◁ *73 Kirtana-Volkstanz in Orissa*

74 In Verehrung Shivas tanzende Vagabunden aus Srirangam, Tamil Nadu

ein Narr, der das Geschehen satirisch kommentiert oder örtliche Würdenträger karikiert.

In Nord- und Mittelindien sind die mehrwöchigen Krishnalīlā- und Rāmlīlā-Aufführungen (s. Farbabb. 17) äußerst populär. Diese »Spiele« *(līlā)*, in denen Episoden aus dem Leben Rāmas beziehungsweise Krishnas im Mittelpunkt stehen, werden vielfach von Laiendarstellern getanzt und gesungen. Die Akteure tragen dabei prächtige Kostüme, sie bewegen sich mitunter in durchaus realistischen Dekorationen oder Bühnenbildern.

Auf der Grundlage des Rāmlīlā schuf Shanti Bardan, ein Schüler des berühmten Tanzmeisters Uday Shankar, um 1950 eine eigene gleichnamige Adaption. In seiner *Little Ballet Troupe* ließ er in Bombay maskierte Volkstänzer, wie Marionetten an unsichtbaren Fäden geführt, auftreten. Die schlichte, fast starre Choreographie und die eckigen, wie Papiertüten über den Kopf gestülpten Masken gaben dem Ballett Shanti Bardans eine eigentümliche Wirkung, die den beliebten Puppenspielen Indiens ähnelt.

Auch die Bhavai-Truppen in Gujarat bieten eine Mischung aus Tanz, Schauspiel und Musik. Ein Brahmane, der aus seiner Kaste ausgestoßen wurde, weil er eine Frau niederer Herkunft geheiratet hatte, soll angeblich dieses Genre im 14. Jahrhundert geschaffen haben. Mit derartigen Legenden wird jedoch häufig nur die Beliebtheit des Volkstheaters erklärt, das meist untere Schichten anspricht.

Das Programm des Bhavai besteht aus über 60 kürzeren Stücken, die zehn bis zwanzig Spieler in einem auf dem Boden markierten Bühnenkreis aufführen. Meist handelt es sich um höfische und profane Themen, aber auch Göttergeschichten gehören zum Repertoire. Bhavai-Aufführungen, die die ganze Nacht über andauern, werden wie auch ein Wechsel im Programmablauf durch zwei lange, grell klingende Trompeten *(bhaṅgal)* angekündigt.

Zwar sind die Tanzbewegungen im Bhavai nicht besonders kunstvoll, ein raffinierter Rollentausch jedoch sorgt für ein lebendiges Szenarium. Die Darsteller deuten mit wenigen schnellen Veränderungen am Kostüm an, wenn sie eine andere Figur spielen, etwa indem sie den Turban plötzlich lockern und so aus einem würdevollen Bauern einen einfachen Schneider werden lassen.

Auch die Bhavai-Spieler beziehen gern das Publikum ein, vor allem wenn es darum geht, Geld zu sammeln. So bettelt in einer Szene eine verarmte Königin, die ein herzergreifendes Lied vorträgt, um Almosen, damit sie Holz für das Leichenfeuer ihres verstorbenen Sohnes kaufen kann. Währenddessen steigt sie von der Bühnenfläche und bittet auch die Zuschauer um Hilfe.

Zu den eindrucksvollsten Volkstänzen des Punjab, Indiens Kornkammer, gehören die Bhangra-Darbietungen, die ursprünglich wohl nur zur Erntezeit, heute aber zu vielen anderen Ereignissen stattfinden. Es handelt sich um wahre Freudentänze: In ausgelassener Stimmung bilden bis zu 100 Punjabi-Bauern einen Kreis, springen hoch, drehen sich mit ausgestreckten Armen und hüpfen auf einem Fuß. Sie rücken stampfend zusammen und laufen lachend wieder auseinander. Trommelspieler spornen ihre Lebensfreude mit schnellen Rhythmen an. Und gelegentlich singt ein Tänzer ein Volkslied, dessen Refrain alle wiederholen.

Der Reichtum Indiens an derartigen volkstümlichen Tänzen ist unüberschaubar. Sie unterscheiden sich überwiegend durch ihre Anlässe und den lokalen Rahmen, die Kostüme und die Musik; aus tänzerischer Sicht gleichen sie sich jedoch meistens. Die Körperbewegungen sind nur ansatzweise standardisiert oder stilisiert, die Mimik spielt gegenüber dem klassischen Tanztheater eine vergleichsweise unbedeutende Rolle, und auch die Hand- und Fingergesten werden kaum als symbolische Darstellungsformen verwendet.

76 Bhairava-Tanz der Navadurgās in Bhaktapur, Nepal ▷

75 Lama-Maskentanz in Himachal Pradesh

Obwohl sich die Volkstänze in tänzerischer Hinsicht ähneln, gibt es einige Besonderheiten, vor allem wenn die Akteure Gegenstände in den Händen halten, die ihre Bewegungen charakterisieren. So sind zum Beispiel Stocktänze, wie sie auch im Danda Ras des Manipuri-Stils dargeboten werden, weit verbreitet. Im Jhumar-Stocktanz aus dem Punjab etwa schlagen die Akteure Rhythmen mit Stöcken, werfen sie hoch in die Luft oder springen über sie hinweg. Vermutlich entstanden solche Stocktänze aus den gleichfalls zahlreichen kriegerischen Schwerttänzen, auch wenn deutliche Kampfszenen selten zu sehen sind.

77 Volkstanz mit Pferdeattrappen auf Stelzen, Tamil Nadu

Tänze, bei denen lange Bänder verwendet werden, schränken ebenso wie die Stocktänze den Bewegungsraum der Akteure ein. Im Goph-Tanz, der in Maharashtra gepflegt wird, halten mehrere Männerpaare die Enden der Bänder und bilden damit verschiedene Muster um einen in der Mitte aufgestellten, reich verzierten Pfosten. Auch bei dem Stelzentanz des Gond-Stammes in Mittelindien, bei dem die Tänzer wie im Pung-Cholom des Manipuri Trommeln tragen und spielen, tritt die Vielfalt der tänzerischen Ausdrucksformen in den Hintergrund. Mitunter verdecken Kostüme oder Pferdeattrappen (s. Abb. 77) so sehr die Stelzen, daß die Tänze schwerfällig erscheinen.

Hingegen kommt es bei zahlreichen Geselligkeits- und Gruppentänzen gerade auf ein geschicktes und harmonisches Zusammenwirken der Tanzbewegungen an. Häufig formieren sich bei diesen Darbietungen die Teilnehmer in Gruppen oder Reihen, tanzen paarweise eine Art Polonaise, haken sich beim nächsten Tänzer ein oder wechseln den Partner. Besonders eindrucksvoll ist es, wenn Jungen – wie bei den Initiationen des Muris-Stammes im Süden Madhya Pradeshs – Pyramiden bilden, unter denen die Mädchen hindurchtanzen.

Beliebt sind schließlich Maskentänze (s. Abb. 75, 78, 79), bei denen der Tänzer einen Dämon oder eine furchterregende Gottheit verkörpert. Nicht selten mischen sich die Akteure unter die Bevölkerung, wo sie Kinder jagen und erschrecken (s. Abb. 76).

Ritualtänze

Die Bhūta-Tänze in Süd-Karnataka

Beschwörende oder schamanistische Tänze, in denen die Darsteller selbst von Göttern oder Geistern besessen werden, sind kaum von den dazugehörigen, äußerst komplexen Ritualen zu trennen.

Im Süden des indischen Bundesstaates Karnataka, dem Tulu-Land, finden z.B. alljährlich im Frühjahr Feste für Dämonen und Geister *(bhūta)* statt. Die Verehrung von übernatürlichen Wesen, die dem Menschen ebenso nützen wie schaden können, ist in dieser Region wie in ganz Indien sehr ausgeprägt.

Die Bhūtas werden mit Gottheiten des hinduistischen Pantheons, besonders Devī, oder mit lokalen Göttern niederer Ordnung, wie zum Beispiel Tierdämonen, identifiziert. Aber auch Menschen, die eines unnatürlichen Todes sterben, können zu Geistern werden, die dann in eigenen Tempeln oder anikonisch, etwa in einem fast unscheinbaren Stein, verehrt werden.

Während der Feste in Süd-Karnataka, welche die ganze Nacht andauern, dringt der Bhūta in einen jüngeren und einen älteren Darsteller *(Pampada,* s. Abb. Innenklappe) ein, die beide aus unteren Kasten wie Korbflechtern, Ölpressern oder Barbieren stammen. Zunächst beginnt der ältere stehend zu zittern, während der jüngere wild durch die Menge rennt. Dann tanzen beide gestenreich mehrere Stunden im Wechsel, wobei sie wiederholt magische Zeichen in den Sand schreiben, die sie in freier Rede ausdeuten. Immer wieder beugen sie sich mit freiem Oberkörper über brennende Fackeln, um ihre übernatürliche Macht zu demonstrieren.

Im Verlauf der mehrstündigen Tänze sprechen die Bhūta-Darsteller in ritualisierter Form mit dem Veranstalter des Festes, einem älteren, reichen Landbesitzer aus der Bant-Kaste, oder anderen Respektspersonen, indem sie nur mündlich tradierte Legenden vom Ursprung der Bhūtas erzählen. In einer dieser Legenden wird berichtet, daß die Bhūtas früher wiederholt Dörfer zerstörten, bis deren Bewohner ihnen durch diese Feste und andere Opfer Tribut gezahlt hatten.

Zu Beginn der Tänze tragen die Bhūta-Darsteller ein rotes Hemd und einen gleichfarbigen Rock, über den ein weiterer Rock aus langen Bambusfasern hängt. An ihren Füßen und Armen sind Schellen und Glöckchen befestigt. Das Gesicht ist mit einer Paste aus Palmöl und Gelbwurz geschminkt, ihr Haupt mit einer silbernen Krone geschmückt.

In einem nachfolgenden Ritual wird den Bhūta-Darstellern ein Gestell (Kann. *mūthi*) auf den Rücken gebunden, das sich halbkreisförmig über den Kopf erhebt. Auf einer dieser mit Blumen und Schmuck reich verzierten Aureolen ist eine weibliche Gottheit mit Brüsten aus silbernen Schalen und einer langen ausgestreckten Zunge dargestellt.

Während die Bhūta-Darsteller die schweren Gestelle tragen, tanzen sie nicht, sondern rezitieren erneut Hymnen und Legenden. Es herrscht eine feierliche und ruhige Atmosphäre, die sich deutlich von den übrigen Tänzen der Nacht unterscheidet, wenn eine Kapelle aus Trommeln, Krummtrompeten, Klarinetten und Schalmeien einen teilweise ohrenbetäubenden Lärm erzeugt.

Später in der Nacht werden auch die aus der Palmweinzapferkaste stammenden Priester von den Bhūtas besessen. Sie tanzen dann ebenso wild und verwickeln sich in durchaus heftige, ritualisierte Dispute mit Brahmanen, die immer wieder von dem Veranstalter des Festes geschlichtet werden müssen. Obwohl die Brahmanen den Bhūtas gegenüber Vorbehalte hegen, weil sie in ihnen niedere Gottheiten sehen, verehren auch sie an diesem Abend die Priester und Bhūta-Darsteller.

Nach zahlreichen weiteren Ritualen, in deren Mittelpunkt wechselweise Priester, Bhūta-Darsteller und der Veranstalter aktiv werden, folgt ein Tanz der Bhūta-Darsteller, bei dem sie einen großen silbernen Becher, gefüllt mit Kokosnußmilch, heiligen Blüten und Blättern, mehrfach hoch in die Luft werfen. Es gilt als ein Zeichen ihrer magischen Macht, daß sie bei diesem Fruchtbarkeitsritual nichts verschütten.

Zum Abschluß des Festes befragt der ältere Bhūta-Darsteller die Dorfbevölkerung. Einzeln äußern die Anwesenden ihre Probleme, die sich etwa auf Kinderwunsch, Landstreitigkeiten, beruflichen Mißerfolg oder Krankheit beziehen. Der Bhūta-Darsteller antwortet ihnen schreiend und erhält dafür Geschenke in Form von Geld, Naturalien oder Hühneropfern, die er an einen Vertrauten des Veranstalters weiterreicht.

Die Harisiddhi-Tänze in Nepal

Auch die Harisiddhi-Tänze im nepalesischen Kathmandu-Tal können als ein weiteres Beispiel für die Verbindung von Tanz und Ritual angeführt werden. Sie werden in einem Dorf dargeboten, das unter dem Sanskritnamen Harisiddhi bekannt ist, welches die überwiegend buddhistisch und Nevārī – eine tibeto-birmanische Sprache – sprechende Bevölkerung jedoch Jala nennt. So heißt das Fest dort auch Jala Phyākhã oder die »Tänze von Jala«.

Im Mittelpunkt der Feierlichkeiten steht eine Göttin, die mit tantrischen Ritualen und Opfern verehrt wird und um die sogar wiederholt Gerüchte von Menschenopfern aufleben. Die Göttin, hier aufgefaßt als eine Vereinigung der drei *(tri)* weiblich-göttlichen Aspekte *(śakti)* von Brahmā, Vishnu und Shiva wird Harisiddhi oder Triśakti genannt. Diese und andere Sanskritnamen der indischen Hochtradition überlagern einen im Kathmandu-Tal verbreiteten Kult lokaler (Mutter-) Gottheiten. Im Dorf selbst wird die Göttin vielfach als Jaladyo, Gottheit von Jala, bezeichnet.

Zweimal im Jahr beginnen die Ritualtänze während einer Vollmondnacht und werden am folgenden Tag im Innenhof des Jala-Tempels aufgeführt. Alle zwölf Jahre tanzen die Harisiddhi-Tänzer auch in verschiedenen Orten des Kathmandu-Tals.

Die etwa 40 Priester des Tempels, die aus der Bauernkaste der Jyāpu stammen, sind zugleich die Ritualtänzer. Väter vererben diese Auszeichnung an ihre ältesten Söhne, die nicht nur während der Ritualtänze, sondern lebenslang zu einer der Gottheiten des Harisiddhi-Festes werden.

Jeder Auftritt eines Priester-Tänzers, der zunächst im Tempel hinter einem heiligen Vorhang seine Maske anlegt, ist ein Ritual. Auf den Vorhang sind drei Gottheiten gemalt, welche die Triśakti darstellen sollen. Das Tuch, das ein einziger Priester hält, repräsentiert jedoch auch Nāsadyo, den newarischen Gott des Tanzes und der Musik.

Bevor die einzelnen Gottheiten mit ihrem Tanz beginnen, werden sie mit weißen und roten Halstüchern von den Dorfbewohnern verehrt.

78 Kolam-Volkstanz in Kerala

Danach singt der Priester-Tänzer ein Solo, dessen Inhalt er mit Hand- und Fingergesten unterstreicht. Die Sprache der Gesänge ist eigentümlich fremdartig, sie gilt als »Sprache der Götter« und wird nur von den Priestern verstanden.

Die Tänze, die Dreiecks- und Kreismustern folgen, entsprechen festgelegten, traditionellen tantrischen Diagrammen. Je nach Kostümierung sind die Bewegungen leichtfüßig oder behäbig. Eine Kiśi (Elefant)

genannte Gottheit erfordert eine so große Maske, daß sie nur von zwei Priestern getragen werden kann. Hingegen ist ein Schwerttanz, in dem ein legendärer König mit den vergöttlichten Himmelsrichtungen ficht, schnell und wechselvoll.

Eine Kapelle, die aus zwei kupfernen Trompeten (Nev. *põga*), kleinen Becken (Nev. *chusyā*) und mehreren Trommeln besteht, begleitet die Tänze ebenso wie einige Gesänge. Auf dem Klangkörper der Doppelkonustrommel (Nev. *yahakhī* bzw. *dyokhī*) ist als Symbol des Gottes Nāsadyo das Geweih eines Rammbocks befestigt.

Nach jedem Tanz werden die Priester-Tänzer erneut verehrt. Im letzten Ritual dieses Festes findet auch ein Blutopfer statt: Nachdem drei Gottheiten, angeblich erneut die Triśakti, aufgetreten sind, opfert man der mittleren Göttin Schafe und Enten, deren Blut der Darsteller der Göttin trinkt.

In derartigen, in ganz Südasien verbreiteten Festen und Ritualen vermischen sich Elemente der Volksreligionen mit körperlichen Ausdrucksformen, bei denen die Gottheiten nicht nur dargestellt oder in stilisierter Form imitiert werden. Vielmehr sind die Akteure die Gottheiten selbst, so daß man Tänze wie diese kaum außerhalb ihres regionalen Umfelds angemessen einschätzen kann. So wird zwar ihr Wirkungskreis begrenzt, nicht jedoch ihre Bedeutung als ethnographisch und kulturhistorisch ebenso wertvolle wie beeindruckende Tanzformen.

◁ 79 *Maskentänzer (Jala Phyākjā) in Pāṭan, Nepal*

Schlußbetrachtung

Tanzen gehört zu den natürlichen Bewegungsformen der Menschen. So wird der Tanz denn auch in allen Gesellschaften gepflegt: meist als Ausdruck bloßer Freude an Geselligkeit, die sich jedoch zu einer regelrechten ›Tanzwut‹ wie in den mittelalterlichen Veitstänzen steigern konnte.

Gleichwohl begegneten besonders Geistliche und die Obrigkeit dem Tanz immer wieder mit Skepsis, da ihrer Meinung nach dessen betonte Körperlichkeit einem sittsam-religiösen Leben im Wege stand. Wie als Drohung erscheint denn auch der Tod nicht selten als Tänzer. Noch 1594 schrieb der badische Obervogt Johann von Münster in seinem Traktat gegen die Unsitten des Tanzes, daß der Tänzer mit seiner »... Frauensperson immer fort zum Tanzen [ziehet], wie mit einem Widder zur Küche...«, daß sie »... einander die Hände umfangen und sich küssen, nach Gelegenheit des Landes, auch wohl recht auf den Mund ...«. Manch einer wurde sogar für den eigenen Hochzeitstanz bestraft.

So dauerte es einige Zeit, bis der Tanz sich als gesellschaftlich akzeptable „Umgangsform" etablieren konnte. Denn es war ein langer Weg von den derben Sitten der Bauerntänze des Mittelalters über die abgezirkelten Schritte an den oberitalienischen und französischen Höfen zu den ungezwungenen Tänzen der Neuzeit.

Nur wenige Kulturen können allerdings auf eine so lange Tradition von Kunsttänzen zurückblicken wie die indische. Warum, so fragt man sich, konnte gerade in Indien – dem Land der Askese – der Tanz so aufblühen? Die Erklärung scheint naheliegend. Im Gegensatz zu den in der westlichen Welt gepflegten Tanzformen, die sich allen Gesellschaftsschichten öffneten, sind die klassischen indischen Tänze fast ausnahmslos bestimmten Kreisen und Kasten – etwa den Tempeltänzerinnen – vorbehalten. Zu keiner Zeit in der jahrtausendealten indischen Tanzkultur entwickelten sich Gesellschafts- oder gar Paartänze, bei denen es die Erotik zu bezähmen galt. Das klassische indische Tanztheater setzt statt dessen als Imitation der religiösen Welt mythische Stoffe aus den reichen einheimischen Epen in Szene. Traditionelle Kompendien beschreiben und analysieren zudem die körperlichen Ausdrucksformen und Bewegungen, und häufig ist ein jahrelanges Training der Akteure erforderlich, um sämtliche Nuancen eines Tanzes zu beherrschen.

Während das klassische indische Tanztheater auf verbindlichen, schriftlich überlieferten Sanskrittexten beruht, gehen die zahlreichen Volks- und Ritualtänze meist auf mündlich tradierte Themen zurück. Viele dieser Tänze greifen Begebenheiten des täglichen Lebens auf wie die Jagd, den Wechsel der Jahreszeiten oder die Ernte. Gleichwohl ist es nicht immer möglich eine klare Trennungslinie zwischen Volkstänzen und dem klassischen indischen Tanztheater zu ziehen. Beide Formen sind tief im religiösen Leben der indischen Kulturen verwurzelt, und so bleibt bis heute der indische Tanz eine Bühne der Götter.

Glossar

Abhinaya Expressiv-erzählerische, den Inhalt der Stücke wiedergebende Tanzform; Gegenteil von → *Nṛtta*
Abhinayadarpaṇa Traditionelles Lehrbuch des klassischen Tanzes von Nandikeśvara (ca. 12. Jahrhundert)
Adāvu (Tam.) Kombination von Haltungen und Bewegungen im Bharata Natyam
Alārippu (Tam.) Präludium im Sadir Natya
Añjali Begrüßungsgeste mit flach aneinandergelegten Händen
Ardhamaṇḍalī (Halbkreis) Position im Bharata Natyam mit seitlich ausgestellten Füßen und gebeugten Knien
Avatāra (Herabsteigen) Erscheinungsform Vishnus

Bhagavadgītā »Gesang des Erhabenen«, klassischer Text des Hinduismus
Bhagavatamela Klassisches Tanztheater in Südindien
Bhairava Furchterregende Erscheinungsform Shivas
Bhakta Darsteller ritueller Tänze im Seraikella-Chhau
Bhakti (religiöse Hingabe) Gottesliebe, besonders im Vishnuismus
Bharata Legendärer Verfasser des → ›Nāṭyaśāstra‹
Bhāva (Gemüt) Stilisierte Gefühlshaltung des Darstellers, vgl. → *Rasa*
Bhavai Volkstheater in Gujarat
Bhramarī (Bienendrehung) Pirouette im Odissi-Tanzstil
Bhūta Geist, Dämon
Brahmā Vedisch-hinduistischer Gott, Schöpfer der Welt

Chhau Sammelbezeichnung von drei Tanzrichtungen (Purulya, Seraikella und Mayurbhanj) im nordöstlichen Indien
Cholom Tanzform des Manipuri-Stils
Cuṭṭi Weiße, bartförmige Gesichtsmanschetten im Kathakali-Tanzstil

Devadāsī (Dienerin Gottes) Tempeltänzerin
Dharma Religiös-rituelles Geflecht von rechtlichen und sittlichen Normen

Ganesha Glückbringender, elefantenköpfiger Gott, Sohn Shivas
Garuḍa Göttlicher Vogel, Vishnus Reittier
Gītāgovinda Mystisches Liebesgedicht des Jayadeva (12. Jahrhundert), Vorlage vieler Tanzdramen
Gopī (Kuhhirtin) Spielgefährtinnen Krishnas

Hanumān Affenkönig, der Rāma bei der Befreiung seiner Frau Sītā half
Hasta (Hand) Ein- und beidhändige Finger- und Handgesten

Karaṇa (Vollbringen, Mittel) Tänzerische Körperhaltungen und -bewegungen
Kathak Klassischer Tanzstil in Nordindien
Kathakali Klassisches Tanztheater in Kerala
Krishna Epischer (Hirten-)Gott, Erscheinungsform Vishnus, Gefährte von Rādhā
Kuchipudi Klassisches Tanztheater in Andhra Pradesh
Kurattī (Tam. Zigeunerin) Hauptfigur im → Kuravanji-Stil
Kuravanji Klassisches Tanztheater in Tamilnadu
Kuthu Klassisches Theaterspiel in der Tamilsprache
Kutiyattam Klassisches Tanztheater in Kerala

Lakṣmaṇa Halbbruder des Rāma
Lāsya Tänzer, Tanz, Weiblich-anmutige Tanzform, Gegenteil von → *Tāṇḍava*
Līlā (göttliches Spiel) Tanz
Liṅga Phallisches Symbol und Zeichen für Shiva

Maddala(m) Faßförmige, handgeschlagene Trommel
Mahābhārata Großes Epos, dessen Rahmengeschichte den Kampf zweier verfeindeter Stämme beschreibt
Maharī Tempeltänzerin in Orissa
Maṇḍala Kreis
Mohini Attam Solotanz in Kerala

Mṛdaṅga Lang-zylindrische, meist hölzerne Doppelkonustrommel
Mudrā Hand- und Fingergeste

Naṭarāja König des Tanzes, Beiname Shivas
Nattuvanar (Tam.) Tanzmeister und -lehrer
Nāṭya Tanz, Theater
Nāṭyaśāstra Traditionelles Lehrbuch des klassischen Tanzes (ca. 5. Jahrhundert)
Nṛtta Rein rhythmischer Tanz, der keine Handlung ausdrückt; Gegenteil von → *Abhinaya*

Ottan Thullal Solotanz in Kerala

Pārvatī Gefährtin Shivas
Prasaṅga Kleine mythologische Tanzepisoden im Yakshagana-Tanzstil
Purāṇa Gattung überwiegend mythologischer Texte

Rāga Melodisch-modale Klangformen mit einem bestimmten Gefühlswert
Rāma Erscheinungsform Vishnus, Held des → ›Rāmāyaṇa‹-Epos
Rāmāyaṇa Ein über Jahrhunderte erweitertes Epos, in dessen Mittelpunkt der Gott Rāma steht
Rasa Ein beim Zuschauer durch entsprechende → *Bhāvas* erweckter Gefühlszustand
Rasamaṇḍala In Gruppen aufgeführter Rundtanz
Raslīlā Volkstümliches Tanztheater überwiegend über das Leben Krishnas, Rundtänze im Manipuri-Stil
Rāvaṇa Zehnköpfiger Dämon, der Sītā raubte
Rigveda Älteste der vedischen Sammlungen von religiösen Hymnen und Sprüchen

Sadir Natya Solotanz im Bharata Natyam
Śakti Weiblich-göttliche Energie und Macht
Śāktismus Die Göttin verehrende Richtung des Hinduismus
Samapāda Grundposition des Bharata Natyam mit gestreckten Beinen und Armen
Śāstra Heiliges Lehrbuch

Sītā Frau Rāmas
Smṛti (das Erinnerte) Legendäre Texte des Veda
Sollukaṭṭu (Tam.) Skandierte Lautsilben zur Bezeichnung von Tanzbewegungen
Śṛṅgāra Gefühlszustand *(→ Rasa)* der Liebe
Śruti (das Gehörte) Geoffenbarte Texte des Veda
Svastikā Glückszeichen, um 90° gedrehtes Hakenkreuz

Tāla Rhythmische Struktur unterschiedlicher Takttypen
Tantra Magisch-rituelle Praktiken der Vereinigung eines Gottes bzw. seines Anhängers mit seiner → *Śakti,* auch Bezeichnung einer Textgruppe
Tāṇḍava Energisch-männliche Tanzform, Gegenteil von → *Lāsya*
Tillāna (Tam.) Finale im → Sadir Natya

Veda, vedisch (heiliges Wissen) Sammlungen sakraler Texte, die später den Grundstock der Lehren des Hinduismus bilden
Vṛtti Darstellerische Verhaltensform

Yakshagana Klassisches Tanztheater in Karnataka
Yantra Magisches Diagramm

Fachbegriffe, die das Glossar nicht enthält, wurden meist nur einmal erwähnt und im Text erklärt; vgl. dazu auch das Sachregister S. 202 ff.

Ausgewählte Literatur

ABHINAYADARPAṆA des Nandikeśvara (Hrsg. und Übers. in das Englische: M. Ghosh) Calcutta [2]1957
ASHTON, M. B., und B. CHRISTIE: Yākṣagāna – A Dance Drama of India. New Delhi 1977
BANERJI, P.: Art of Indian Dancing. London 1986
BHATTACHARYA, A.: Chhau-Dance of Purulia. Calcutta 1972
BHAVNANI, E.: The Dance in India. Bombay [3]1979
BROCKINGTON, J. L.: The Sacred Thread – Hinduism in its Continuity and Diversity. Edinburgh 1981
BRÜCKNER, H.: Bhūta-Worship in Coastal Karṇāṭaka: An Oral Myth and Festival Ritual of Jumādi. In: Studien zur Indologie und Iranistik, Bd. 13/14, 1988
COOMARASWAMY, A.: The Dance of Shiva. Bombay 1948
DANIELOU, A.: Bharatanatyam – der klassische Tanz Indiens. Berlin 1970
DANIELOU, A.: Einführung in die indische Musik. Wilhelmshaven 1975
DANIELOU, A. und K. VATSYAYAN: Kathakali – indisches Tanztheater. Berlin 1972
GARGI, B.: Theater und Tanz in Indien. Berlin 1960
GASTON, A. M.: Śiva in Dance, Myth and Iconography. Oxford/Delhi 1982
GONDA, J.: Die Religionen Indiens. Stuttgart 1963–78 (3 Bde.)
HAUSSIG, H. W. (Hrsg.): Wörterbuch der Mythologie, Bd. 5: Götter und Mythen des indischen Subkontinents. Stuttgart 1984
ILTIS, L.: The Jala Phyākhā of Harisiddhi. In: N. Gutschow und A. Michaels (Hrsg.): Heritage of the Kathmandu Valley. St. Augustin 1987
IYER BHARATA, K.: Kathakali – the Sacred Dance-Drama of Malabar. London 1955
KHOKAR, M.: Dancing for Themselves – Folk, Tribal and Ritual Dance of India. New Delhi 1987

Michaël, T.: La Symbolique des Gestes de Mains (Hasta ou Mudrā) selon l'Abhinaya-Darpana. Paris 1985

Michaels, A.: Ritual und Gesellschaft in Indien. Frankfurt am Main 1986

Nāṭyaśāstra (Übers. in das Englische: M. Ghosh). Calcutta 1951 und 1961

Patnaik, D. N.: Odissi Dance. Bhubaneshwar 1971

Ranganath, H. K.: The Karnatak Theatre. Dharwar 1960

Rebling, E.: Die Tanzkunst Indiens. Wilhelmshaven 1982

Sarabhai, M.: Understanding Bharata Natyam. Baroda 1965

Sequeira, A. R.: Klassische indische Tanzkunst und christliche Verkündung. Freiburg/Basel/Wien 1978

Singha, R. und R. Massey: Indian Dances – their History and Growth. London 1967

Vatsyayan, K.: Indian Classical Dance in Literature and Arts. New Delhi 1968

Vatsyayan, K.: Traditions of Indian Folk Dance. New Delhi 1976

Zarrilli, P.: The Kathakali Complex – Actor Performance and Structure. Delhi 1984

Zimmer, H.: Philosophie und Religion Indiens. Frankfurt am Main 1961

In den folgenden Zeitschriften erscheinen illustrierte Artikel und Studien zur indischen Tanzkunst:

Journal of the Sangeet Natak Akademi, New Delhi

Marg, Bombay – vgl. besonders die sechsteilige Sondernummer »Classical and Folk Dances of India« (1963)

Quarterly Journal of the National Centre for the Performing Arts, Bombay

Abbildungsnachweis

Farbabbildungen

Hans-Joachim Aubert, Bonn Umschlagrückseite
Heidrun Brückner, Frankfurt Umschlaginnenklappe
Roberto Meazza, Mailand 5, 6, 8, 10, 12, 13, 17, 22, 23
Sebastiana Papa, Rom 1–4, 7, 9, 11
Mukund Patel (Colorart), Bombay Titelbild
Stephen Roach, Sydney 14–16, 18–21

Textabbildungen

Ashutosh Museum, Bombay 4
Niels Gutschow, Abtsteinbach 76, 79
Indian Tourism Office, New Delhi 32, 52, 53
Darhan Lall, New Delhi 12
Roberto Meazza, Mailand 59, 73, 74
Sebastiana Papa, Rom 6, 17–21, 23–27, 34–39, 46, 47, 54, 56–58, 60–71
Mukund Patel (Colorart), Bombay 31, 33, 41–44
Paolo Rosselli, Mailand (mit freundlicher Genehmigung von Laterza, Bari) Frontispiz 1, 2, 5, 8–11, 13, 15, 16, 22
Sangeet Natak Akademi, New Delhi 3, 7, 14, 40, 45, 48–51, 55, 72, 75, 77, 78

Zeichnungen der Handgesten (S. 54–57): Karl Heidelbach, Köln
Klappenkarten: DuMont Buchverlag, Köln

Sach- und Ortsregister

Abhinaya 50, 51, 61, 68, 85, 88, 90, 93, 142, 151, 154, 168
Abhinayacandikā 152
Abhinayadarpaṇa 44, 58
Adāvu 85, 86
Āhārya 61, 68
Ahmedabad 84, 130
Alārippu 87, 114, *Abb. 44 rechts*
Āmad 143
Anaṅga 30
Andhra Pradesh 96, 116, 119
Aṅgika 61, 160
Añjali 87, 151
Anubhāva 45, 61, 76
Apsarā 50, *Abb. 22*
Ārabhaṭīvṛtti 50
Ardhamaṇḍalī 85, *Abb. 37, 44 rechts*
Ardhanārīśvara 157
Arjuna 36
Artha 24
Arthaśāstra 12
Ārya 9
Askese 21, 25, 113
Āśrama 22
Assam 164
Atharvaveda 17
Ātman 25
Aṭṭam 136
Avatāra 34

Baitha 152
Balarāma 123
Balarāma Bhāratam 130
Bant 186
Baripada 161
Baṭunṛtya 152, 154
Bāyā 68, *Abb. 30*
Beli 152
Belur 90
Benares 138, 139
Bengal 155, 164
Bhagavadgītā 36
Bhāgavata 36, 122
Bhagavatamela 48, 80, 83, 93, **96 ff.**, 116, 120
Bhāgāvatāra 96
Bhāgavatulu 96, 116
Bhairava 152, 161, *Abb. 76*
Bhajan 145
Bhakta 158, 160, 161
Bhakti 38, 92, 96, 138, 164
Bhāmakalāpa 118
Bhaṅgal 180
Bhangi pareng 168
Bhangra 180
Bharata Natyam 68, 71, 80, **83 ff.**, 91, 92, 93, 118, 120, 123, 142, 154, *Farbabb. 18–21, Abb. 40–44*
Bhāratīvṛtti 49
Bhasa 152
Bhaunri 152
Bhāva 45, 48, 58
Bhavai 180
Bhaya 135

Bhramarī 154, *Abb. 65*
Bhraj-Distrikt 145
Bhubaneshwar 146
Bhūmipraṇāma 151
Bhūta 186, 187
Bhūta-Tänze 186 ff.
Bihar 155
Bol 142
Bombay 139, 142, 180
Brahmā 18, 34, 48, 50, 116, 188
Brahmacārin 22
Brahman 25
Brāhmaṇamela 96
Brahmanen 62, 118, 139, 149, 180, 187
Bṛhadīśvara-Tempel 14, 93
Brindavan 139
Buddha 35
Bühne 18, 70, 72, 73, 80, 85, 87, 114, 115, 120, 126, 130, 143, 151, 175, 178
Burha 152
Burma 164

Caitra 155
Caitraparva(n)-Fest 157, 161
Calicut 126
Cāmuṇḍā 41
Candrabhāgā 158
Cāri 85
Ceṇṭā 122, 131
Chadma 155
Chakyar 125, 126, 127, 136
Chali 152, 168
Chau 155
Chauka 152
Chāyā 155
Chhak 155
Chhau 42, 135, **155 ff.**, 172
Cheruthuruthy 130
Chidambaram 58
Chollu 86
Cholom 166, 168, 170
Chorida 163
Chusyā 192
Cochin 130
Cuṭṭi 125

Dämon 10, 20, 41, 114, 116, 120, 163, 185, 186
Dakṣa 28
Damaru 32
Danda Ras 171, 184
Darpana 84, 130
Dāsī 86
Delhi 138, 139, 166
Deśī 42
Devadāsī (vgl. Tempeltänzerin) 12, 14, 16, 84, *Abb. 3, 4*
Devī 25, **39 ff.**, 186, 192, *Farbabb. 14, Abb. 15*
Dhamar 145
Dharma 22, 24 f., 34
Dhībara 158
Dhol 157
Dhrupad 145
Durgā 41, 163
Dyokhī 192

Ernakulam 130

Gaṇeśavandana 142
Ganesha 30, 92, 114, 120, 123, 142, 143, 163, *Abb. 11, 43*
Garuḍa 34
Gāt 145
Gaurī 39
Gharānā 139
Ghazāl 145

Gītāgovinda 38, 92, 113, 116, 128, 138, 148, 154
Göttin s. Devī
Golconda 116
Gollā 118
Gollākalapām 118
Goph 185
Gopī 38, 145, 158, 170
Gotipua 149, 150
Govinda 123
Govindasaṅgītālīlāvilāsa 166
Gṛhastha 22
Gṛhyasūtras 19
Gujarat 180
Guṇa 20, 131
Guru 62, 151
Guruvayor 126

Halebid 90
Hanumān 35, 132, *Abb. 50, 52*
Harappa 9
Harisiddhi 188 ff.
Harivaṃśa 36
Hasta 58, 85, *Zeichnungen S. 54–57, Abb. 23, 24, 35*
Hastalakṣaṇadīpikā 130
Hiraṇyakaśipu 113, 114
Hori 145
Huvina Kolu 78

Imphal 166
Inder Sabhā 139
Indra 10, 18, 36, 118, 158
Initiation 22
Iṣṭadevatāvandana 151

Jagannātha-Tempel 14, 146, 148
Jagdtänze 173
Jaipur 139
Jaipur Gharana 139
Jala Phyākhā 188, *Abb. 79*
Janki Prasad Gharana 139
Jarjara 18, 158
Jati 88
Jatisvara 88
Javali 92
Jawaharlal Nehru Manipur Sangeet Natak Akademi 166
Jhampā 66
Jhaṅkī 145
Jhumar 184
Jyāpu 188

Kaiśikīvṛtti 50
Kalabharati 130
Kalakshetra 83, 93, 130
Kālī 41
Kālikā 160
Kalīya 143
Kalki(n) 35
Kāma 24, 30
Kāmasūtra 12, 22
Kaṃsa 36
Kaṃsavyādhana 113
Kanchipuram 14
Karaṇa 85, *Abb. 25–27, 41–44*
Karnataka 62, 120, 186
Kartal Cholom 170
Kārtikeya 30
Kathak 61, **138 ff.**, *Abb. 57, 58, 65*
Kathak Academy 139
Kathakali 58, 71, 72, 76, 77, 80, 120, 124, 126, **128 ff.**, 135, *Farbabb. 6–13, Abb. 34, 52, 53*
Kathakali Kalamandalam 130
Kathmandu 188
Kaṭṭi 132
Kelikoṭṭu 130
Kerala **124 ff.**, 126, 136
Kerala Mandalam 136

Khandagiri 146
Khandala 142
Kīrtan 138
Kiśi 189
Kodaṅgī 122
Kollam Thullal 124
Konaṅgi 113
Konarak 14
Kramālaya 144
Krishna **35 ff.**, 58, 73, 113, 116, 118, 123, 126, 133, 138, 139, 143, 145, 158, 170, 171, 179, *Farbabb. 1–3*, *Abb. 56*
Krishnajayanti 126
Krishnanattam 126 f.
Kṛṣṇalīlātaraṅgiṇī 113
Kṛttikā 30
Kṣatriya 19, 21, 35
Kuchilapuram 116
Kuchipudi 49, 76, 83, 96, 113, 116, 120, *Abb. 39, 46, 47*
Kuchipudi Arts Academy 119
Kumbhakonam 93
Kumbheśvara Kuravañji 93
Kuraṭṭī 92, *Abb. 25*
Kuravanji 83, 93, 96, *Abb. 45*
Kūrma 34
Kuśāl 125
Kuśitalam 125
Kutāmpalam 126
Kutiyattam 49, 124, 126, 127, 131, *Abb. 50*
Kutrala Kuravañji 93
Kuttu 124, 136

Lai Haraoba 168 f.
Lakṣmaṇa 35, 128, 163
Lāsya 50, 156, 166, 168, 170
Lautsilben (vgl. sollukaṭṭu) 68, 77, 86, 87, 114, 139, 142, 144, 151, 154
Līlā 133, 145, 179
Liṅga 32, 158, 160, *Abb. 10, 42*
Lokadharmī 50
Lucknow Gharana 139

Maddala 131, 133, 136
Madhya Pradesh 139, 185
Madras 83, 93, 119, 130
Madras Musical Academy 83
Mahābhārata 19, 36, 125
Maharasthra 185
Maharī 14, 146, 148, 149
Mahiṣa 162
Mahodayapur 126
Maiba 169
Maibi 169
Make-up 20, 71, 120, 125, 128, 131, 132, 133, 136
Malayalam 126, 133, 136
Maṇḍala 41, 171
Maṇḍukaśabda 116
Maṅgala Caṇḍī 158
Maṅgalam 92
Mangalore 120
Manipur 164, 165
Manipuri 42, 61, 82, **164 ff.**, 171, 172, 184, 185, *Abb. 70, 71*
Manjira Cholom 170
Mantra 41
Manu 34
Mārgī 42
Masken 115, 160, 163, 188
Matsya 34, *Abb. 44 S. 90 rechts*
Māyā 133
Mayurbhanj 155, 156, 161, 162
Megha Mallār 64
Melappadam 128, 133
Melattur 83, 96
Methei 164, 169
Miśava 125

Mohana 116
Mohenjo Daro 9
Mohinī 136
Mohini Attam 124, 135 f., *Abb. 54*
Moirang 169
Mokṣanata 154
Mṛdaṅga 68, 86, 87, 115, 122, *Abb. 30*
Mudrā 41
Mukteśvara-Tempel (Bhubaneshwar) 14
Munda-Stämme 155, 156
Muris-Stamm 185
Mūthi 187
Mylapur 83
Mysore 83
Mysore-Schule 90 ff.

Nagaland 164
Nāgarā 157
Nambudiri 126
Nambyar 125
Nandī 26
Nandikeśvara s. Abhinayadarpaṇa
Narasiṃha 35, 113, 114, 115
Nāsadyo 188, 192
Natana Niketanam 130
Naṭarāja 32, 87, *Abb. 8, 12*
Naṭarāja-Tempel 58
Nattuvanar 86
Nautanki 178
Natyalaya 142
Nāṭyaśāstra 44, 45, 49, 50, 52, 58, 61, 80, 83, 85, 130, 146, 166
Nāṭyaveda 18
Navarātri-Fest 78, 93
Nayar 124, 127, 136
Nayikabheda 168
Nepal 188
Nṛtta 50, 51, 58, 85, 87, 88, 90, 127, 128, 133, 139, 151

Odissi 80, 135, **146 ff.**, *Abb. 59–64*
Odra 146
Odranṛtya 152
Opfer 12, 19, 25, 61, 62, 158, 187, 188, 192
Orissa 146, 148, 157
Orissa Sangeet Parishad 150
Ottan Thullal 124, 135 f., *Abb. 55*

Pāda 145
Padam 88
Padhant 142
Pakalkuri 130
Pakhvāj 142, 143, 151
Palī 154
Palavi 154
Pampada 186, *Abb. Innenklappe*
Paramelu 144
Paraṇa 144
Paraśu 35
Paraśurāma 35
Parayan Thullal 137
Pareng (s. Bhangi pareng)
Parijāta(-apaharaṇa) 113, 118
Pārvatī 28, 30, 41, 50, 116, 169
Pattrapraveśadāru 115
Pōga 192
Ponnani 128
Prahlāda 113
Prahlādacarita 113
Prasaṅga 78, 120
Pung Cholom 168, 170, 185
Punjab 10, 180, 184
Puṇya 24
Purāṇa 19, 155, 162
Purappāṭṭu 128, 133
Puri 14, 146, 150

Purulia 155, 156
Purulya 162f.
Pūtanā 36, 133

Rādhā 38, 158, 170, *Farbabb. 3, Abb. 71*
Rāga 63, 64, 65, 144, 145, 156
Raigarh 139
Rajas, Rājasika 20, 131
Rajasthan 139, 178
Rāma 35f., 58, 114, 155, 158, 163, 179, *Farbabb. 6–8, Abb. 7, 32, 48, 52, 53*
Rāma-Daśarathi 35
Ramanattam 124, **126ff.**, *Abb. 51*
Rāmāyaṇa 5, 19, 35, 125, 127, 128, 139, 163, *Farbabb. 5, Abb. 6, 51*
Rāmcaritmānas 139
Rāmlīlā 166, 179, *Farbabb. 17, Abb. 32*
Raṅga 178
Rasa 45, 47, 48, 58, 92, 135, *Abb. 18-21*
Rasamaṇḍala 38, 145, *Farbabb. 1, 3*
Raslīlā 170f., *Abb. 56*
Rati 45
Rāvaṇa 35, 72, *Farbabb. 9, 17, Abb. 7, 14, 48*
Requisiten 70, 72
Rigveda 9, 17
Ritualtänze 42, **186ff.**
Rudra 26
Rukmiṇī 123

Śabara 158
Śabda 88
Sabhāpūjā 92
Sadir Attam 87
Sadir Natya 83, **86ff.**, 96, 114
Sadir Nautch 87
Sāgara 158
Śakti 39, 41, 133, 188
Śāktismus 41
Salām 143
Samapāda 85, 87
Sāmaveda 17
Saṃvādadāru 115
Sangeet Natak Akademi 130, 150
Saṅgīta 61
Saṅgītasārāmṛta 86
Sankidi 128
Sannyāsin 24
Śānta 48, *Abb. 41*
Śānti 48
Sarabhendra Bhūpāla Kuravañji 93
Sāraṅgī 65, 66, *Abb. 29*
Sari 70, 93, 150
Sarod 65
Śāstra 62
Satī 28
Sattva, Sāttvika 20, 61, 73, 131, 132
Sāttvatīvṛtti 50
Satyabhāmā 118, 123
Sāvindā 66, *Abb. 29*
Schwerttanz 158, 184, 192
Seraikella 155, **157ff.**, 162, 163, *Farbabb. 14–16, Abb. 66, 67*
Shahnā'ī 66, *Abb. 29*
Shantiniketan-Stil 82
Shiva 25, **26ff.**, 39, 41, 50, 87, 92, 155, 157, 158, 161, 162, 164, 169, 188, *Abb. 8, 9, 12*
Sītā 114, 163, *Farbabb. 10, Abb. 14*
Sitār 62, 65, *Abb. 28*
Śiṣya 62
Sithankam Thullal 137
Śloka 90, 92
Smṛti 19
Sollukaṭṭu 86, 113

Śṛṅgāra 88, *Abb. 19*
Śruti 19, 63
Stambhabheda 152
Sthānaka 85, 152
Stocktanz 161, 184
Śūdra 19, 20
Sūrya 18, 146, 157
Śuṣkavāda 122
Sūtradhāra 118
Svāgatadāru 115
Svara 88

Tablā 68, 142, *Abb. 30*
Tāla 66, 67, 86, 88, 142
Tala Ras 171
Tamas, Tāmasika 20, 131
Tamburā 62, 115, *Abb. 28*
Tamil Isai Sangham 93
Tamil Nadu 83, 86, 93, 96
Tanjore 14, 84, 86, 91, 92, 93, 96, 113, 116
Tāṇḍava 50, 139, 166, 168
Tantrismus 41
Tempeltänzerin (vgl. Devadāsī) **12 ff.**, 80, 83, 93, 136, 146, 148, 149
Teyyam 124
Thorā 142
Tillāna 90, 114
Tīntāla 66
Tiranokku 128
Tirukudanātha 93
Toṭayam 133
Travancore 83, 128
Tribhaṅga 161
Trichur 130
Triśakti 188, 192
Trivandrum 127, 130
Tukra 144
Tulu 186

Udayagiri 146
Udupi 120
Umā 39
Upaniṣad 25
Ūṣā 50
Ustād-śāgird 62
Utha 152
Uttar Pradesh 138

Vācika 61
Vaiśya 19
Vāmana 35
Vanaprastha 23
Varāha 34
Varṇa 19, 88, 124
Veda 17, 18, 19, 20, 22, 24, 26, 34, 126
Vedāṅga 19
Velakali 124
Vibhāva 45
Vidūṣaka 118, 126
Vijayanagara 96, 116
Vīṇā 65, *Abb. 28*
Vishnu 25, **32 ff.**, 49, 50, 113, 116, 138, 154, 158, 188, *Abb. 13*
Vishwa Kala Kendravoddolaga 130
Viśvamitra 163
Vithibhaghavata 118
Voddolaga 123
Volksmusik 62
Volkstanz (vgl. Ritualtänze) 42, 173, *Farbabb. 22, 23*
Volkstheater 175
Vṛścikakaraṇa 156
Vṛtti 49, 61
Vyabhicāribhāva 45

Wiedergeburt 25

Yahakhī 192
Yajurveda 17
Yakshagana 49, 73, 78, **120 ff.**, *Abb. 7, 14, 48, 49*
Yakshaganakendra 120
Yantra 41

Zweimalgeborener 22

Personenregister

Acyutappa Nāyaka 96
Akbar 64, 138
Amanat, Sayed Agha Hassan 139
Ambalapuja 136
Amma, Gauri 83
Aurangzeb 138

Bardan, Shanti 179
Bhāgyacandra 166, 170
Bharata 44, 50, 83, 92
Briju Maharaj 139, *Abb. 56*

Caitanya 138
Chapekar, Sucheta Bhide 84, *Titelbild, Abb. 31, 33, 41–44*
Cinnaya Nattuvanar 86, 91
Codaganga 146
Cola-Dynastie 96
Cola, Rajendra 14

Desikar, Kottayur Sivakozundu 93
Devi, Kumari Binodini 166
Devi, Rukmini 81, 83, 93, 114
Devi, Sharon *Abb. 71*

Gaṇapati-Dynastie 14, 146
Gaṅga-Dynastie 146
Garibnivāj 164
Gopal, Ram 84
Gupta-Dynastie 35
Gurup, Kunju 130

Harṣa 125
Hoysala-Dynastie 90

Iyer, E. Krishna 114

Janaka 163
Jayappa Nāyaka 116
Jayadeva 38, 92, 116, 138, 154

Kabīr 138
Kālidāsa 125
Kauṭalya 12, 22

Kavirayar, Tirukuda Rajappa 93
Khamba 169
Kottavam Tampuran 127, 128
Krishnamurti, Yamini 119
Krishnarada Vadiyar 91
Kulaśekhara Varman 126

Lairobi, Tochter Bhāgyacandras 170
Loyamba 169

Mahapatra, Kelucharan 150
Mahāpatra, Maheśvara 152
Mansingh, Sonal *Abb. 21, 27, 36*
Manu 14
Maratha-Könige 84, 86, 113
Menaka 81, 139
Menon, Vallatol Narayana 130, 136
Mishra, Minati 150
Mudaliar, Papanasam 93
Mugdal, Madhavi *Abb. 63*

Nambyar, Kunjan 136
Nandikeśvara 44
Narasiṃha I. 146

Pamheia s. Garibnivāj
Panigrahi, Sanjukta 150, *Abb. 64*
Panikar, Aloka 150, *Abb. 59, 62*
Pāṇini 12
Pavlova, Anna 81
Perumal-Dynastie 126
Pillai, Chengannur Raman 130
Pillai, Kuppaiah 93
Pillai, Minakshisundaram 83
Ponnaya 86, 93
Prasad, Thakur 139
Pratāparudra 14, 148

Raghavan, V. 84

Śantalā 91
Sarabhai, Mallika *Abb. 47*
Sarabhai, Mrinalini 84, 96
Sarasvati, Bala 83, 93, *Abb. 40*
Satyam, Vempati Chinna 119
Serfoji II. 86, 93, 113
Shah, Vajid Ali 139
Shankar, Uday 81, 82, 179
Sharma, Uma 113, *Abb. 57, 58, 65*
Singh, Chakradhar 139
Singh, Raja Man 145
Shivaji 113
Śivānanda 86
Subharāja Nattuvanar 86
Sucheta s. Chapekar, Sucheta Bhide
Swapna Sundan *Abb. 17, 46*

Tagore, Rabindranath 82, 164
Tahnisha, Abdul Hassan 116
Tamburan, Manakkulam Mukunda Raya 130
Tanjore-Quartett 86, 91, 93
Tayamma, Jetty 92
Tholan 126
Tirumal, Karttika 128, 130
Triveni Ballet 166, *Abb. 70*
Tulsīdās 139
Tulaja 86

Vadivelu 86
Valli, Alarmel *Abb. 23, 25, 26, 35*

Yati, Tīrtha Nārāyaṇa 116
Yogi, Siddhendra 116, 118

Indien

Von den Klöstern im Himalaya bis zu den Tempelstätten Südindiens

Von Niels Gutschow und Jan Pieper. Mit Beiträgen von Klaus Fischer und Bernhard Kölver. 424 Seiten mit 42 farbigen und 188 einfarbigen Abbildungen, 74 Zeichnungen und Plänen, Literaturhinweisen, Register

»Von den Klöstern im Himalaya zu den Tempelstätten Südindiens ist der DuMont Kunst-Reiseführer zu einem unentbehrlichen Begleiter für alle Indien-Reisenden geworden. Geschichte, Religion, Bildhauerei und Malerei werden von Fachleuten nahegebracht, nicht zu übersehen die herrlichen Farbbilder.« *Oberösterreichische Nachrichten*

Ladakh und Zanskar

Lamaistische Klosterkultur im Land zwischen Indien und Tibet

Von Anneliese und Peter Keilhauer. 416 Seiten mit 52 farbigen und 105 einfarbigen Abbildungen, 207 Zeichnungen und Plänen, 20 Seiten praktischen Reisehinweisen, Literaturangaben, Register

»Ladakh oder Klein Tibet, jenes bis 1974 verschlossene Land zwischen Indien und China, verborgen hinter Sechstausendern, geprägt von der Klosterkultur des Lamas, ist eines der faszinierendsten Reisegebiete der Erde. Religion ist hier Kultur, Kultur umgekehrt Religion. Eine ausgezeichnete Einführung in die komplizierten ›Zusammenhänge und Hintergründe der lamaistischen Klosterkultur‹ bietet der vorliegende Band. Zahlreiche Fotos und Schemata erleichtern das Lesen und das Verständnis, machen die schwierige Materie anschaulich und plastisch.« *Die Zeit*

Nepal – Königreich im Himalaya

Geschichte, Kunst und Kultur im Kathmandu-Tal

Von Ulrich Wiesner. 273 Seiten mit 14 farbigen und 130 einfarbigen Abbildungen, 50 Zeichnungen, Karten und Plänen, 40 Seiten praktischen Reisehinweisen, Glossar, Literaturverzeichnis, Register

»Als besonderer Vorzug gerade dieses Bandes darf gelten, daß die Fotos unter genauer Berücksichtigung des Textes aufgenommen wurden.
Ob zu Hause oder auf Reisen: Mit diesem Band öffnen sich dem Leser und Betrachter die Schönheiten und Geheimnisse einer fernen und uns noch immer fremden Welt.« *Main-Post*

Bhutan

Kunst und Kultur im Reich der Drachen

Von Gisela Bonn. 384 Seiten mit 42 farbigen und 255 einfarbigen Abbildungen, sowie 6 Karten und Plänen, 22 Seiten praktischen Reisehinweisen, Bibliographie, Register

»Ein Beispiel, was Reiseführer im Idealfall sein können, bietet Gisela Bonn – eine der besten Kennerinnen des indischen Subkontinents und der Welt des Himalaya – mit ihrem DuMont Kunst-Reiseführer ›Bhutan‹. Aus genauer Kenntnis des Landes in Geschichte und Gegenwart entwickelt die Autorin das Bild eines alten Kulturvolkes, dessen Dasein im totalen Gegensatz zu unseren gegenwärtigen Lebensformen steht. Eine in Jahrhunderten gewachsene Tradition prägt das Gesicht dieses Himalayastaates, dessen junger König mit behutsamer Hand Reformen anbahnt, die dem Land helfen sollen, ohne es völlig dem Sog der technischen Zivilisation auszusetzen und es in die Zwänge des hemmungslosen Konsums geraten zu lassen.« *Rias Berlin*

»Richtig reisen«: Nord-Indien

Von Henriette Rouillard. 332 Seiten mit 36 farbigen und 121 einfarbigen Abbildungen, Zeichnungen und Plänen, 38 Seiten praktischen Reisehinweisen, Register

»Zum vorzüglichen Text, zur Übersichtlichkeit, kommen die vielen wunderschönen Abbildungen in Schwarzweiß und Farbe.« *Österreichischer Rundfunk*

»Wenn ein Buch über Indien den dieses Landes gänzlich unkundigen Leser nicht überfordert, dann ist das schon etwas Bemerkenswertes. Denn Religion und Lebensauffassung sind so komplex, daß oft sogar den Buchverfassern der Schweiß beim Erklären ausbricht, erst recht dem Leser. In ihrem Band geht Henriette Rouillard jedoch sehr behutsam vor. Aber man meint im Laufe der Lektüre dann doch einigermaßen tief in die indische Mentalität einzudringen. Und überhaupt bemerkt man immer deutlicher, daß für die Autorin dieses Buches die östliche Kultur die zweite geistige Heimat bedeutet.« *Sender Freies Berlin*

»Richtig reisen«: Süd-Indien

Von Henriette Rouillard, 352 Seiten mit 43 farbigen und 110 einfarbigen Abbildungen und Karten, 47 Seiten praktischen Reisehinweisen, Register

»In verschiedenen, gut fundierten Kapiteln, berichtet Henriette Rouillard über geschichtliche Hintergründe, Religion, den Prunk der Fürstenhöfe ebenso wie Bevölkerungsexplosion und Armut der Menschen Indiens. Danach führt die Autorin den Leser nach Bombay, dem Tor Indiens und von dort durch alle Bundesstaaten Süd-Indiens. Das Buch beschreibt aber nicht nur die touristischen Höhepunkte einer Süd-Indienreise, sondern führt auch zu weniger bekannten Orten. Der ›Gelbe Teil‹ des Buches bringt eine umfassende Zusammenstellung wissenswerter Daten, die von einer allgemeinen Landesübersicht bis zu praktischen Informationen über Vorbereitung und Durchführung einer Indienreise reichen.« *Fot-Scene*

»Richtig reisen«: Nepal

Kathmandu: Tor zum Nepal-Trekking

Von Dieter Bedenig. 288 Seiten mit 37 farbigen und 97 einfarbigen Abbildungen, Karten und Plänen, 48 Seiten praktischen Reisehinweisen, Register

»Das handliche Buch stellt das Gebiet sachkundig und kritisch vor, weist auf Möglichkeiten zum Trekking hin und gibt zahlreiche wertvolle und praxisnahe Tips für Nepal-Reisende. Eine hochinteressante Lektüre, durch ausgezeichnete Fotos ergänzt.«

Nürnberger Nachrichten

»Nicht weniger als 14 Mitarbeiter, die so wie Dr. Bedenig Nepal aus eigener Anschauung kennen, zeichnen als weitere Autoren für das sowohl durch die interessanten Beiträge wie auch durch die prachtvollen Illustrationen faszinierende Buch verantwortlich.«

Wiener Zeitung

»Richtig reisen«: Sri Lanka

(Ceylon) Von Jochen Siemens, 320 Seiten mit 52 farbigen und 185 einfarbigen Abbildungen, 17 Zeichnungen und Karten, 32 Seiten praktischen Reisehinweisen, Glossar, Literaturverzeichnis, Register

»Mit mit Autor Jochen Siemens hat der Verlag einen jener Glücksgriffe getan, die exzellente Reisebücher hervorbringen. Siemens kennt sich aus auf Sri Lanka, auch in den äußerst komplizierten Verhältnissen dort.

Alle Informationen stimmen, die politischen, geschichtlichen und auch die touristischen.«

Frankfurter Allgemeine Zeitung

Kleine Geschichte der indischen Kunst

Von Manfred Görgens. 312 Seiten mit 26 farbigen und 118 einfarbigen Abbildungen, 10 Karten, Zeittafel, Verzeichnis der wichtigsten Museen indischer Kunst, Glossar, Literaturhinweisen, Register (DuMont Taschenbücher, Band 185)

»Indien ist ein eigener Kontinent, ein Kontinent der Kultur und der Religionen. Von hier ist der Buddhismus ausgegangen, und beinahe alle Kulturen Asiens sind von diesem Land beeinflußt worden. In der Reihe der DuMont Taschenbücher ist eine ›Kleine Geschichte der indischen Kunst‹ erschienen. Ein geradezu prachtvoller Band, in dem Manfred Görgens die wichtigsten Linien einer vielfältigen Kunst, ihrer Epochen und ihrer religiösen Fundierung nachzeichnet. Dabei wird deutlich, wie sehr Indien auch durch wandernde Völker und deren Kultur geprägt wurde.« *Bayerischer Rundfunk/Fernsehen*

Erotik und Askese in Kult und Kunst der Inder

Von Klaus Fischer. 292 Seiten mit 20 farbigen und 124 einfarbigen Abbildungen, Literaturhinweisen, Karte der Fundorte und Kultstätten, Namen-, Orts- und Sachregister (DuMont Taschenbücher, Band 81)

»Klaus Fischer hat eine Fülle von Material zusammengetragen, das teilweise stichpunktartig den einzelnen Untertiteln zugeordnet ist. So bringt er eine möglichst komprimierte Darstellung der Thematik, und das Buch erhält stellenweise einen Lexikoncharakter. Die sehr handliche Taschenbuchausgabe bietet einen guten Einblick in die Bedeutung der Thematik. Ein umfassender Anhang, erläuternde Anmerkungen, ein reichhaltiger Literaturnachweis, eine Übersichtskarte der Fundorte und Kultstätten, Abbildungsnachweise, Namens-, Orts- und Sachregister bildet einen nützlichen Apparat, so daß die Ausgabe sowohl für den Fachmann als auch für den Laien gut brauchbar ist. Sie ist eine notwendige und wichtige Bereicherung, um die indische Kunst und ihre Geschichte besser verstehen und kennenlernen zu können.« *Orientalische Literaturzeitung*

Die Bildsprache des Hinduismus

Die Götterwelt und ihre Symbole

Von Anneliese und Peter Keilhauer. 259 Seiten mit 22 farbigen und 184 einfarbigen Abbildungen und Zeichnungen, Glossar, Literaturhinweisen, Register (DuMont Taschenbücher, Band 131)

»Das Autorenpaar, seit 15 Jahren intensiv mit den Religionen des Mittleren und Fernen Ostens beschäftigt, führt anhand zahlreicher Abbildungen in Bildsprache und Symbolik der vielgestaltigen Götterwelt des Hinduismus ein. Die vor allem auf ikonographische Aspekte gerichtete Darstellung ist für jeden am Thema interessierten Leser zugänglich und erschließt zugleich einen Bereich indischer Kunst.«

Informationsdienst der Einkaufszentrale der öffentlichen Bibliotheken

Thangkas

Rollbilder aus dem Himalaya

Kunst und mystische Bedeutung

Von Alexandra Lavizzari-Raeuber. 296 Seiten mit 9 farbigen und 105 einfarbigen Abbildungen, Register, Bibliographie (DuMont Taschenbücher, Band 150)

»Die bei DuMont als Taschenbuch erschienene Untersuchung von Alexandra Lavizzari-Raeuber gibt eine umfassende Einführung in die historische Entwicklung der tibetischen Religion, erklärt die Funktion des Thangkas, des religiösen Rollbildes im Lamaismus, und charakterisiert die einzelnen darauf dargestellten Götter.« *Main-Echo*

DuMont Dokumente: Gesamtübersicht

Arnheim, Rudolf
Anschauliches Denken
Zur Einheit von Bild und Begriff

Backes,Klaus
Hitler und die bildenden Künste

Baldissera, Fabrizia/Michaels Axel
Der Indische Tanz

Baumgart, Fritz
DuMont's Kleine Kunstgeschichte

Baumgart, Fritz
Stilgeschichte der Architektur

Baumeister, Willi
Das Unbekannte in der Kunst

Bischoff, Ulrich (Hrsg.)
Romantik und Gegenwart

Blaeser, Rolf
Federico García Lorca als Zeichner

Braunfels, Wolfgang
Abendländische Stadtbaukunst

Braunfels, Wolfgang
Abendländische Klosterbaukunst

Braunfels, Wolfgang
Kleine italienische Kunstgeschichte

Brucher, Günter
Barockarchitektur in Österreich

Brucher, Günter
Die sakrale Baukunst Italiens im 11. und 12. Jahrhundert

Budde, Rainer
Köln und seine Maler 1300–1500

Burckhardt, Lucius
Die Kinder fressen ihre Revolution

Coubier, Heinz
Europäische Stadt-Plätze

Decker, Edith
Paik Video

Eckstein, Hans
Die Romanische Architektur

Faust, Wolfgang Max / Vries, Gerd de
Hunger nach Bildern
Deutsche Malerei der Gegenwart

Franzke, Andreas
Skulpturen und Objekte von Malern des 20. Jahrhunderts

Grabar, Oleg
Die Alhambra

Grimme, Ernst Günther
Die Geschichte der abendländischen Buchmalerei

Gronemeyer, Reimer/Rakelmann, Georgia A.
Die Zigeuner

Gruber, Bettina / Vedder, Maria
Kunst und Video
Internationale Entwicklung und Künstler

Hansmann, Wilfried
Baukunst des Barock

Hansmann, Wilfried
Gartenkunst der Renaissance und des Barock

Hofmann, Werner
Nana
Mythos und Wirklichkeit

Holländer, Hans/Thomsen, Christian W. (Hrsg.)
Besichtigung der Moderne: Bildende Kunst, Architektur, Musik, Literatur, Religion

Imdahl, Max (Hrsg.)
Wie eindeutig ist ein Kunstwerk?

Jetter, Dieter
Das europäische Hospital

Kitzinger, Ernst
Byzantinische Kunst im Werden

Klee, Felix (Hrsg.)
Paul Klee Tagebücher 1898–1918

Klimkeit, Hans-Joachim
Die Seidenstraße

Küppers, Harald
DuMont's FARBEN-ATLAS
Über 5500 Farbnuancen mit Kennzeichnung und Mischanleitung

Kultermann, Udo
Architekten der Dritten Welt

Kultermann, Udo
Die Architektur im 20. Jahrhundert

Lach, Friedhelm
Der Merz-Künstler Kurt Schwitters

Maenz, Paul
Art Deco 1920–1940

DuMont Dokumente: Gesamtübersicht

Meulen, Jan van der / Hohmeyer, Jürgen
Chartres
Biographie der Kathedrale

Murken, Axel Hinrich
Vom Armenhospital zum Großklinikum

Murken-Altrogge, Christa / Murken, Axel
Vom Expressionismus bis zur Soul and Body Art
Moderne Malerei für Einsteiger

Naredi-Rainer, Paul von
Architektur und Harmonie
Zahl, Maß und Proportion in der abendländischen Baukunst

Neumann, Wolfgang
Die Berber
Vielfalt und Einheit einer alten nordafrikanischen Kultur

Emil Nolde Mein Leben
Herausgegeben von der Stiftung Seebüll Ada und Emil Nolde

Nußbaum, Norbert
Deutsche Kirchenbaukunst der Gotik
Entwicklungen und Bauformen

Panofsky, Erwin
Studien zur Ikonologie
Humanistische Themen in der Kunst der Renaissance

Pawlik, Johannes (Hrsg.)
Goethe Farbenlehre
Didaktischer Teil
Textauswahl mit einer Einführung und neuen Farbtafeln

Pawlik, Johannes
Praxis der Farbe
Bildnerische Gestaltung

Pawlik, Johannes
Theorie der Farbe

Pawlik, Johannes / Straßner, Ernst
Bildende Kunst
Begriffe und Reallexikon

Reuther, Manfred
Das Frühwerk Emil Noldes
Hrsg. von der Stiftung Seebüll Ada und Emil Nolde

Rewald, John
Die Geschichte des Impressionismus

Rewald, John
Von van Gogh bis Gauguin

Richter, Hans
Dada – Kunst und Antikunst
Der Beitrag Dadas zur Kunst des 20. Jahrhunderts

Romain, Lothar (Hrsg.)
Kunstfonds e. V.
Modell einer Förderung

Sager, Peter
Neue Formen des Realismus
Kunst zwischen Illusion und Wirklichkeit

Schneede, Uwe M. (Hrsg.)
Künstlerschriften der 20er Jahre

Schreiber, Ulla
Modelle für humanes Wohnen
Moderne Stadtarchitektur in den Niederlanden

Schwitters, Kurt
Anna Blume und andere
Literatur und Grafik
Hrsg. von Joachim Schrenk

Selle, Gert
Design-Geschichte in Deutschland

Stützer, Herbert Alexander
Die italienische Renaissance

Thomas, Karin
Bis Heute: Stilgeschichte der bildenden Kunst im 20. Jahrhundert

Thomas, Karin
Zweimal deutsche Kunst nach 1945

Tietzel, Brigitte
Geschichte der Webkunst

Waldberg, Patrick
Der Surrealismus

Wescher, Herta
Die Geschichte der Collage
Vom Kubismus bis zur Gegenwart

Wick, Rainer
Bauhaus-Pädagogik

DuMont Dokumente – Archäologie

Bittel, Kurt
Hattuscha
Hauptstadt der Hethiter. Geschichte und Kultur einer altorientalischen Großmacht

DuMont Dokumente: Gesamtübersicht

Gutbrod, Karl
DuMont's Geschichte der frühen Kulturen der Welt

Jansen, Michael
Die Indus-Zivilisation

Magall, Miriam
Archäologie und Bibel
Wissenschaftliche Wege zur Welt des Alten Testaments

Moortgat, Anton
Die Kunst des Alten Mesopotamien
Sumer und Akkad

Moortgat, Anton
Die Kunst des Alten Mesopotamien
Babylon und Assur

Radt, Wolfgang
Pergamon
Geschichte und Bauten, Funde und Erforschung einer antiken Metropole

Reden, Sibylle von
Die Megalith-Kulturen
Zeugnisse einer verschollenen Urreligion
Großsteinmale in: England – Frankreich – Irland – Korsika – Malta – Nordeuropa – Sardinien – Spanien

DuMont Dokumente – Film/Foto

Jäger, Gottfried
Bildgebende Fotografie

Neusüss, Floris M. (Hrsg.)
Fotografie als Kunst – Kunst als Fotografie
Das Medium der Fotografie in der bildenden Kunst Europas ab 1968

Tausk, Petr
Die Geschichte der Fotografie im 20. Jahrhundert

DuMont Dokumente – Graphik

Adriani, Götz (Hrsg.)
Paul Cézanne Zeichnungen

Dieterich, Anton (Hrsg.)
Goya – Visionen einer Nacht
Zeichnungen

Geelhaar, Christian (Hrsg.)
Paul Klee Zeichnungen
Reise ins Land der besseren Erkenntnis

Konnertz, Winfried (Hrsg.)
Max Ernst
Zeichnungen, Aquarelle, Übermalungen, Frottagen

Uitert, Evert van (Hrsg.)
Vincent van Gogh Zeichnungen

DuMont Dokumente – Musik

Klüppelholz, Werner
Mauricio Kagel 1970–1980

Konold, Wulf
Bernd Alois Zimmermann

Schnebel, Dieter
Mauricio Kagel Musik Theater Film

Schnebel, Dieter (Hrsg.)
Karlheinz Stockhausen
Texte zur elektronischen und instrumentalen Musik
Band 1: Aufsätze 1952–1962 zur Theorie des Komponierens

Karlheinz Stockhausen
Texte zu eigenen Werken, zur Kunst Anderer, Aktuelles
Band 2: Aufsätze 1952–1962 zur musikalischen Praxis

Karlheinz Stockhausen
Texte zur Musik 1963–1970
Band 3: Einführung und Projekte, Kurse, Sendungen, Standpunkte, Nebennoten

Karlheinz Stockhausen
Texte zur Musik 1970–1977
Band 4: Werk-Einführung. Elektronische Musik, Weltmusik, Vorschläge und Standpunkte, zum Werk Anderer

Karlheinz Stockhausen
Texte zur Musik 1977–1984
Band 5: Komposition (Sommer '88)

Karlheinz Stockhausen
Texte zur Musik 1977–1984
Band 6: Interpretation (Sommer '88)